Topos Taschenbücher
Band 261

Erich Kock

Abbé Franz Stock

Priester zwischen den Fronten

Topos Taschenbücher

Ich widme das Buch meiner Frau
und unseren Kindern
Peter, Bernhard, Albert, Ludwig,
Maria und Christian

Die Deutsche Bibliothek – CIP-Einheitsaufnahme

Kock, Erich:
Abbé Franz Stock : Priester zwischen den Fronten / Erich Kock. – 1. Aufl. – Mainz : Matthias-Grünewald-Verl., 1996
(Topos-Taschenbücher ; Bd. 261)
ISBN 3-7867-1971-3
NE: GT

 1. Auflage 1996
Reihengestaltung: Harald Schneider-Reckels und Iris Momtahen
Druck und Bindung: Clausen & Bosse, Leck

ISBN 3-7867-1971-3

Inhaltsverzeichnis

I. „Quel scandale..."

Am Dienstag, dem 24. Februar 1948, lag im Pariser Hospital Cochin in der Rue Faubourg Saint Jacques ein deutscher Priester allein in seinem Krankenzimmer. Es war um die Mittagszeit, etwa gegen zwei Uhr; ein Besucher, gleichfalls Priester, öffnete die Tür und fand ihn schlafend in den Kissen. Etwa eine Stunde blieb er am Bett sitzen, ohne daß der Kranke etwas von seiner Anwesenheit bemerkt hätte. Der Atem des *Schlafenden* ging unruhig und schwer, sein Gesicht war verfallen. Der Besucher überdachte seine Eindrücke und verglich sie mit dem, was er von seinen früheren Begegnungen wußte. Der da vor ihm lag, „machte den Eindruck eines körperlich und seelisch gebrochenen Menschen".

„Bevor ich wegging", so schrieb der Besucher, Pater Brass, der 1948 in der Pariser Aumônerie Générale der deutschen Kriegsgefangenen tätig war, am 25. Februar in einem Brief an die Familie seines Mitbruders, „nahm ich ihn bei der Hand, da wurde er für einen Augenblick wach, lächelte mich an und begrüßte mich. Ich zeigte ihm Ihren Brief und einen von Fräulein Berlinghof. Doch er war zu müde, um sie gleich zu lesen. Ich verließ das Zimmer und fragte die aufsichtführende Krankenpflegerin, ob Todesgefahr da sei. ‚Nein, er ist zwar schwach, aber Gefahr ist nicht vorhanden', war die Antwort. Trotzdem verließ ich das Krankenhaus in der Absicht, den Krankenhausseelsorger, einen Kaplan von Saint Jacques (du Haut Pas), zu benachrichtigen. Ich ging zur Aumônerie, wo ich arbeite, um im ‚Ordo' von Paris nach einer Wohnung zu suchen. Da rief man gerade vom Krankenhaus an, daß der Zustand von Franz sich verschlimmert habe. Ich fuhr sofort mit dem Auto bei dem betreffenden Vikar vorbei, nahm das Heilige Öl und das Allerheiligste. Als wir im Krankenhaus ankamen – es war gegen 16.45 Uhr –, erfuhren wir, daß Franz gegen 16.00 Uhr verstorben sei, ganz plötzlich, wie die Schwe-

ster sagte. Man hatte ihn würdig aufgebahrt. Der Krankenhausgeistliche und ich haben dann die Sterbegebete verrichtet – für die letzte Ölung war es leider zu spät."
Sofort nach seiner Rückkehr vom Krankenhaus in der Rue de Saint Jacques begann Brass zu telefonieren: mit dem apostolischen Nuntius Roncalli, mit Kardinal Suhard, mit Msgr. Beaussart, dem bischöflichen Kommissar für die Ausländerseelsorge; er rief französische Freunde des Toten an, bis ihm die „Finger vom Drehen der Wählerscheibe weh taten". Bischöfe, Priester und Laien – Msgr. Harscouet, Edmond Michelet und Francisque Gay, die deutschen Bischöfe: „Franz Stock ist vor ein paar Stunden gestorben." „Das aufrichtige Mitgefühl bei allen hat mir öfters die Tränen in die Augen getrieben. Wohin man kommt", schreibt Pater Brass in seinem Brief vom 25. Februar 1948 weiter, „hört man nur dankbare Worte des Lobes. Alle wollen an den Exequien teilnehmen, wann und wo, weiß ich noch nicht, da Franz ja offiziell als Kriegsgefangener galt und den Militärbehörden unterstellt war. Jedenfalls werden wir in der ‚Eglise des Etrangers' einen würdigen Totengottesdienst halten. – Ich habe vergessen, daß Msgr. Guérin gleich am ersten Tag ans Krankenbett geeilt ist. ‚Wir lieben Sie alle', sagte er zu Franz."
Ohne Zögern versprach Nuntius Roncalli sein Kommen zum Totenamt. Vier Tage nach dem Tode fand es – nicht, wie vorgesehen, in der „Eglise des Etrangers", sondern – in der dem Hospital nahegelegenen Kirche Saint Jacques du Haut Pas statt. Kanonikus Rodhain zelebrierte die Totenmesse. Nach dem Amt nahm der Apostolische Nuntius die Einsegnung des Leichnams vor, der im verschlossenen Sarg auf dem Chor aufgebahrt war. Kardinal Suhard hatte zur Totenfeier seinen Vertreter entsandt. Im Kirchenschiff wohnten etwa hundert Menschen der Feier bei, unter ihnen Weihbischof Beaussart, Kriegsminister a.D. Edmond Michelet, General Buisson, Mitglieder der „Résistance" und Vertreter des Roten Kreuzes. Nach dem Amt verließ der

Nuntius, der nicht an der Beerdigung teilnahm, die Kirche. Dann wurde der Sarg in den wartenden Wagen eines Bestattungsinstituts getragen – Pater Brass nahm neben dem Fahrer Platz – und zum Friedhof in Thiais hinter der Porte d'Italie, ungefähr zehn Kilometer vom 5. Arrondissement entfernt, gebracht. In einem verwilderten Geviert der Kriegsgefangenengräber, zwischen Komposthaufen und Brennesseln, wurde Stocks Sarg ins Grab gelassen. Man sprach die Totengebete. Etwa ein Dutzend Menschen umstand die Grabstätte; unter ihnen eine Greisin, die mit dem Blick auf das Grab und die Umstände dieser Beerdigung immer wieder vor sich hinmurmelte: „Quel scandale, quel scandale!" – Welch ein Skandal.

Tatsächlich hatte die Bestattung etwas Sinistres an sich. Sie ähnelte der in aller Heimlichkeit vorgenommenen Beerdigung eines Übeltäters oder dem flüchtig-gleichgültigen Begräbnis eines Unbekannten. Nun, Franz Stock war weder ein Übeltäter noch ein Unbekannter gewesen, aber er hatte den Status eines Kriegsgefangenen besessen und mußte wie alle verstorbenen deutschen Kriegsgefangenen damals in Thiais an dieser Stelle des Friedhofs begraben werden. Der Tod eines Kriegsgefangenen durfte außerdem nicht öffentlich bekanntgegeben werden. Stocks Verwandte aber hatten der politischen Verhältnisse und des rechtlichen Status des Toten wegen nicht kommen können. Deutschland war besetzt, Frankreich in politischer Gärung begriffen. Drei Jahre waren nach dem Ende der deutschen Besatzung, dem Regime Vichy, Pétains und Lavals vergangen, und noch immer fanden die Auseinandersetzungen über die Jahre 1940–44 kein Ende. Stock besaß viele Freunde, doch sie zählten nicht zu jenen, deren Einfluß ausgereicht hätte, der Beerdigung ein anderes Gesicht zu geben. Viele von denen, die Stocks Weg gekreuzt hatten, ahnten nichts von seinem Tod; die Zeitungen schwiegen.

Die Worte der Gräfin de Suzannet standen auch den schweigenden Teilnehmern der Beerdigung auf den Gesichtern geschrieben. Sie galten dem Grab, aber sie beschworen ungewollt auch den Widerspruch, der sich im Sterben Stocks auftat. Der so vielen geholfen hatte, nicht allein zu sterben, war allein gestorben. Der den Christen unter ihnen vor ihrem oft gewaltsamen Tod die Sakramente gereicht hatte, war unversehen gestorben. Stock, schon seit vier Monaten krank, fehlte es wie immer in seinem Leben nicht an Bekannten. Er nannte manche von ihnen seine Freunde und fühlte sich doch verlassen. Er lebte in der Stadt seiner Wahl, doch sie konnte ihm die Heimat nicht ersetzen.

Einen Tag nach seinem Tod schrieb Alfons Deissler von Paris aus nach Freiburg: „Diese Nachricht... hat mich tief berührt. Ist es doch etwas Eigenes, unendlich Niederdrükkendes, allein so fern von der Heimat sterben zu müssen. Gewiß war Stock schon lange hier, hatte viele Freunde und Bekannte, aber seine Schwester fehlte ihm immer sichtlich. Und sein Weg war in den letzten Wochen nicht leicht gewesen. Überall diese Wolke von Angst und Mißtrauen, nicht seiner Person, aber dem Werke gegenüber, das er noch in Gang bringen wollte, das aber eine Notwendigkeit ohnegleichen ist. Endlich schien alles nun in greifbarer Nähe. Zusagen von höchster Stelle lagen vor, die Einreiseerlaubnis für Fräulein Stock und Fräulein Berlinghof war ‚im Werden', nun kommt dieser Schlag... Gewiß hätte Stock nicht mehr die physische Kraft gehabt, für längere Zeit die Seelsorgsarbeit selber in die Hand zu nehmen, aber seine Beziehungen, seine Erfahrungen hätten einen guten Grund gelegt. Das Problem des Übels ist ebenso dunkel wie lebendigwirklich, und wir können nur das Kreuz darüber machen. Und für den Heimgegangenen eintreten vor Gott."

Deisslers Brief enthält einige Hinweise, die man nicht übersehen darf; denn sie spiegeln den Widerspruch des Sterbens von Franz Stock und die Tragik seiner letzten Lebensjahre. Deshalb bedarf er einer kurzen Erläuterung. Ungeduldig hatte Stock auf den Wiederbeginn seiner Pari-

ser Tätigkeit unter neuem Vorzeichen, der Organisation der Seelsorge unter den sogenannten freien deutschen Arbeitern in Frankreich, gewartet. Eine carte d'identité sollte ihm die nötige Bewegungs- und Handlungsfreiheit verschaffen. Politische Bedenken der französischen Behörden gegenüber der geplanten Arbeit verzögerten aber immer wieder ihre Aushändigung. Man befürchtete, die Seelsorge an den deutschen Arbeitern würde zur Bildung einer politischen Minderheit führen. Diese Seelsorge war notwendig, aber fast aussichtslos: Die Arbeiter entzogen sich jedem Versuch geistlicher Betreuung. Trotzdem hätte man einen Anfang machen und auf ihm weiterbauen können. Stock glaubte sich verpflichtet zu beginnen, und zweifellos rechnete man in Deutschland auf ihn. Im Grunde fehlten Stock zu einer solchen Tätigkeit aber die physischen Voraussetzungen. Seit Monaten erkrankt, hie und da wieder auflebend, suchte er das geplante Werk mit Unterstützung seines Freundes Heinrich Höfler noch im Januar 1948 einzuleiten. Die Behördenwanderungen endeten mit Versprechungen. Für Stock, der immer wieder atemringend stehenblieb, wurden diese Wege – wie Höfler bezeugt – zu einer Qual. Zu dieser Zeit erwartete Stock die Ankunft seiner Schwester und seiner ehemaligen Sekretärin; von ihrer Rückkehr schien er sich eine Erneuerung seiner Kräfte versprochen zu haben.
Doch auch die Einreiseerlaubnisse ließen auf sich warten. Er suchte die Geduld zu wahren und anzunehmen, was er als Willen der Vorsehung erkannte. Sein Groll gegen das, was er als „Undank Frankreichs" empfand, war freilich groß; er zögerte nicht, ihm manchen Besuchern gegenüber offen Ausdruck zu geben. Obwohl die äußeren Umstände seines Lebens nicht schlecht waren, hatte er keine Hoffnung. Er bewohnte in jenem Haus, das fast zehn Jahre hindurch der Ort seiner Pariser Wirksamkeit gewesen war, nur noch ein Zimmer. Noch ahnte er nicht, daß das Haus binnen kurzem in neue Hände übergehen werde. Obgleich

Kriegsgefangener, konnte er sich in Paris frei bewegen. Trotz mancher Vergünstigungen fühlte Stock sich fremd; ihm fehlte die Heimat. Wie seine Briefe und wenigen Besuche in Deutschland seit 1947 es immer deutlicher zeigten, verlangte es ihn nach Hause. Er sehnte sich nach Ruhe. Von französischer Seite hätte man seinem Fortgang nichts in den Weg gelegt; doch er konnte sich einfach nicht losreißen. Die Erinnerungen, das Haus, wirkliche und vermeintliche Aufgaben hielten ihn fest. Stock und Paris – das gehörte für manche deutsche und französische Menschen zusammen. Stock meinte seinen Posten nicht verlassen zu dürfen, und so suchte er sich die Heimat nach Paris zu holen.

Depressionen quälten ihn. Glaubwürdige Sätze seelischer Agonie sind überliefert, die zu zitieren der Takt verbietet. Alles, was sein Leben und Wirken bestimmt hatte, schien in den letzten Wochen und Monaten in Auflösung zu geraten. Seine Gesundheit war labil; oft fühlte er sich gut, dann wieder elend. Das Haus seines Lebens drohte über ihm zusammenzustürzen. In Briefen in die Heimat verschwieg er allerdings seinen Zustand – nicht allein aus Rücksicht gegen die Verwandten – und zeigte Gottvertrauen. Dreizehn Tage vor seinem Tod schrieb er an seine Mutter: „Wir wollen... nur einem danken, unserem Herrgott. Er gibt uns seine Gnade und seine Kraft, und nichts geschieht ohne Ihn. Er hat mich in den letzten Jahren so wunderbar geführt, in Seiner Hand war ich geborgen; und kamen manchmal schwere Stunden, so tat Seine Vorsehung alles, sie zu überwinden. Und wenn ich heute etwas Besonderes habe, dann sage ich es bei der heiligen Messe nach der Wandlung, beim Memento für die Toten, unseren lieben beiden, die im Himmel sind... Das gibt mir wieder Mut. Die Kapelle habe ich ja im Hause. Ich bin gewissermaßen der Hüter dieses kleinen Heiligtums, und dort denke ich oft an Euch, an alle, die in der Heimat die Not spüren."
Quel scandale! In den letzten Monaten dieses Lebens wollte

nichts mehr sinnvoll scheinen. Stocks Situation war aussichtslos: Er glaubte arbeiten und ausharren zu müssen, obwohl er zu nichts mehr fähig war.
Stock fiel es, wie oft in seinem Leben, schwer, einen entscheidenden Entschluß zu fassen. Hatte er Freunde, die ihm hätten raten können, besser, hatte er Freunde, die sein Vertrauen besaßen und deren Rat er gefolgt wäre?
Auch in den letzten Lebensmonaten nannte er manche Deutsche und Franzosen seine Freunde, von denen einige seiner seelsorglichen Wirksamkeit im Kriege viel verdankten. Wir dürfen vermuten, daß er ihren Rat zwar angehört, doch nur insoweit ausgeführt hätte, als er seinen eigenen Vorstellungen entsprach. Sein einsames Sterben im Hospital Cochin war nicht nur ein Zeichen für seinen Willen, an einem für richtig gehaltenen Weg festzuhalten; es offenbarte auch die Einsamkeit seiner Position, ja, die Verlassenheit seiner priesterlichen Existenz. Diese war mehr als ein Berufsschicksal. Sie war das Ergebnis einer mitunter unberatenen Verschlossenheit, die den Mitmenschen – besonders in den letzten Lebensjahren – nur bis zur Peripherie seiner Seele vordringen ließ. In der Tat: Nur auf den ersten Blick wundert man sich darüber, wie viele Menschen Stocks Weg gekreuzt haben, denen er half, wie es seine Pflicht war, denen er mehr beistand, als es seine Pflicht war – und wie wenige ihm helfen konnten. In der Rue Lhomond 21, dem Haus, in dem sein Wirken in Paris begonnen hatte, saß Stock 1948 mit sieben Mitbrüdern zusammen; es waren französische Jugendseelsorger, unter ihnen der deutsche Gefangenenseelsorger Pater Brass. Es war eine Tischgemeinschaft guten Geistes; aber Stock zog sich nach dem Essen meistens auf sein Zimmer zurück, um an einer Geschichte des deutschen Kriegsgefangenenseminars in Chartres weiterzuschreiben oder spazierenzugehen.
Auf dem Boden eines kleinen Koffers mit Meßgewändern in seinem Zimmer lag ein Tagebuch, das die Namen und

Anschriften Hunderter hingerichteter Franzosen enthielt. Dort stand das Datum ihrer Exekution verzeichnet, und in diesem Buch hatte Franz Stock mit peinlicher Gewissenhaftigkeit auch jene entsetzlichen Vorgänge protokolliert, deren gleichsam amtlicher Zeuge er im Kriege täglich wurde. Er verbarg das Buch als ein Dokument düsterer Stunden auch seines eigenen Lebens. Im Frankreich seiner letzten Jahre erschienen Gefängnistagebücher, die seinen Namen nannten. Einige schilderten, wie er den politischen Gefangenen der Besatzungszeit unter eigener Gefahr familiäre Nachrichten überbrachte und Erleichterungen verschaffte, und er freute sich darüber. Doch die Jahre der eigenen Gefangenschaft hatten ihm Wunden gerissen, die nicht verheilen wollten. Stock wußte natürlich, daß sein Tagebuch Notizen enthielt, die für die Angehörigen der Erschossenen von großem Wert sein mußten. Nie war er im Krieg den zahllosen Hinterbliebenen Auskunft und Anteilnahme schuldig geblieben. Es waren, wie er bekannt hat, furchtbare Augenblicke, schlimmer mitunter als die Exekutionen. Diese Augenblicke hatten sich in der Rue Lhomond abgespielt. Fürchtete er, sie mit der Bekanntgabe seines Tagebuchs heraufzubeschwören? Vieles spricht dafür. Und konnte er es tun, ohne neuen Schmerz und vielleicht neuen politischen Hader hervorzurufen? Manches in diesem Tagebuch der Jahre 1942–44 gehörte, soweit es Äußerungen von Todeskandidaten betraf, wohl auch in den Bereich persönlicher Geheimnisse. Stock konnte das Buch nicht aus der Hand geben, ohne Gefahr zu laufen, daß sie preisgegeben würden. Aber er konnte sich auch nicht entschließen, das Tagebuch zu vernichten.
Das entsprach seinen Gewohnheiten. Stock hielt sich für verpflichtet, alle amtlichen Korrespondenzen aufzubewahren und ebenso auch viele Privatbriefe von Mitgliedern seiner Pariser Gemeinde, die sich zwischen zahlreichen amtlichen Schreiben finden. Im übrigen betrieb er das Sammeln von Unterlagen seit je mit dem Blick auf mögliche

spätere Veröffentlichungen. Trotz persönlicher Zurückhaltung war Stock ein publikationsfreudiger Mann. Zahlreiche Vorstudien und Quellensammlungen zu einer Reihe von unveröffentlichten Büchern gehören zum Nachlaß. Und so hat er, wie seine ehemalige Sekretärin bezeugt, an die Verarbeitung der Tagebuchnotizen im Rahmen eines Buches über die eigene Gefängnisseelsorge gedacht, schon weil man ihn von französischer Seite darum bat. Trotzdem konnte sich Stock nicht entschließen, den Inhalt des Tagebuchs auch nur auszugsweise zu veröffentlichen. Wie seine Sekretärin mitteilt, äußerte er bei einer seiner letzten Deutschlandreisen folgendes:
„Die Franzosen möchten, daß ich über meine Gefängnisarbeit ein Buch herausgebe, aber nachdem ich miterleben mußte, wie unsere armen Landser nach ihrer Gefangennahme auf das unmenschlichste behandelt wurden und wie die Fliegen in den Gefangenenlagern dahinstarben und die Züge mit Gefangenen mit Steinen beworfen wurden, werde ich den Franzosen diesen Gefallen nicht tun. Ich lasse sie eben in dem Glauben, daß ich es tun werde, und vertröste sie auf später."
Der Leser solcher Sätze sollte wissen, daß sie noch unter dem Eindruck dessen geäußert wurden, was Stock nie verwinden konnte: seine eigene Gefangenschaft samt den Hungerjahren in den Lagern. Grenzenlos enttäuscht schien er über das, was sich ihm als reiner Chauvinismus darstellte. Die französische Seite zeigte sich nicht dankbar und verständigungswillig genug. Trotzdem steckte in Stocks Verbitterung eine tiefe Hemmung, sich mit den politischen Ursachen für das Verhalten der Franzosen auseinanderzusetzen. Am Ende des Krieges befanden sich viele französische Menschen in einer widerspruchsvollen seelischen Verfassung. Das Land war ausgeplündert, die Bevölkerung in zwei Hälften zerfallen. Die eine, die zum entsetzten Zuschauer der Deportation oder Hinrichtung zahlloser Landsleute und der Verlegung der Industrie nach Deutschland

wurde, sympathisierte mit der militärisch organisierten „Anarchie“ der Widerstandsbewegung. Die andere, durch Vichy und seine Organe repräsentiert, erkaufte den Preis der Ordnung mit Zugeständnissen an Hitler, die binnen kurzem den Charakter von Erpressungen annahmen. Diese Tragödie ging kurz vor der Befreiung in eine Art Bürgerkriegsituation über. Sie erzeugte einen ohnmächtigen Haß, der sich nach der Befreiung, freilich zu Unrecht, auch über die „armen deutschen Landser“ ergoß...

Freilich konnte Stock sich auch korrigieren, und er konnte anerkennen, was andere geleistet hatten. So änderte Stock, der sensible Mann, noch kurz vor seinem Tod sein Urteil über Abbé Le Meur, dem er als politischem Häftling während der deutschen Besatzungszeit mit Mißtrauen und auch später als französischem Initiator des Kriegsgefangenenseminars Chartres mit gleichbleibender Reserve begegnet war: „Ich muß doch meine Meinung über Abbé Le Meur revidieren; jetzt erst sehe ich, was er für Chartres gewesen ist.“ Deshalb ist es nicht ausgeschlossen, daß Stock seine Äußerungen über das Tagebuch und das Verhalten der Franzosen nach der Befreiung später korrigiert hätte oder auch korrigiert hat. Wir müssen uns mit Vermutungen begnügen. Nach Aussagen seiner langjährigen Sekretärin, Fräulein Berlinghof, wurde Stock auch noch in der Rue Lhomond 1947/48 gelegentlich von Angehörigen der Opfer besucht, denen er bereitwillig Auskunft gab. Dazu benötigte er das Tagebuch. Für den Fall seines Todes wollte er es, wie Fräulein Berlinghof äußert, „vernichtet wissen“. Um seinem Willen nachzukommen, mußte man es jedoch erst einmal finden. Zufällig entdeckte ein deutscher Priester die gelbe Stenogrammkladde nach Stocks Tod. Von ihm wanderte das Buch durch eine Reihe von Händen, bis es schließlich zur einstigen Sekretärin kam. Kurzfristig ausgeliehen, kehrte es nicht in ihre Hände zurück. Heute gehört es zu Stocks Nachlaß und wartet ebenso wie zwei Zellenbücher auf seine Auswertung. Es umfaßt den Zeitraum vom 29. 12. 1941 bis 13. 8. 1944 und enthält neben Namen und Daten die kurze Chronik der Hinrichtung von 701 Widerstandskämpfern und Geiseln verschiedener Nationen, in der Hauptsache Franzosen. Außerdem notiert es 162 Hinrichtungen, bei denen Stock sich durch die Militärpfarrer Loevenich und Steinert vertreten ließ. Viele Erschossene waren Attentäter und Saboteure, die meisten von ihnen ausgesprochene Überzeugungstäter. Viele waren einfache „Helfershelfer". Eine große Zahl wurde aber auch wegen „Amtsanmaßung", „Feindbegünstigung", „Verbreitung von Flugblättern" und „Beherbergung von Kommunisten oder entwichenen Kriegsgefangenen" zum Tode verurteilt und erschossen. Der überwiegende Teil – unter ihnen eine große Anzahl Juden hauptsächlich aus dem Lager Drancy bei Paris – starb als Geisel. Stock bereitete diese Männer auf den Tod vor und stand ihnen während der Exekution bei.

Es ist leicht einzusehen, mit welcher Last der Erinnerungen und ungeklärten Fragen Stock in der Rue Lhomond lebte, ohne Zeit und Muße, sie zu verarbeiten. Sein Tod kam überraschend, und doch traf er einen Mann von dreiundvierzig Jahren, der, wie die Zeugen sagen, zur „Ruine geworden" war. Es war derselbe Mann, den Pater Brass wenige Stunden vor seinem Tod bei seinem Besuch im Hospital Cochin eine Stunde lang zu betrachten Gelegenheit hatte. Am Ende seines Briefes an die Angehörigen schreibt Brass: „...heute am Tisch sagte ein französischer Mitbruder, der sonst sehr zurückhaltend im Urteil ist: ‚Ich bin tief erschüttert, selten hat ein Todesfall mich so gepackt. Dieser Priester war ganz Priester.' Und spontan kniete die ganze Tischrunde nieder, um ein ‚De profundis' zu beten."

II. „Jung ist, wer an ein Land hinter den blauen Bergen glaubt“

Stock stammte aus dem westfälischen Sauerland. Am 21. September 1904 wurde er als erstes von neun Kindern einer Arbeiterfamilie in Neheim geboren. Neheim, im Jahre 1904 noch eine Stadt unter zwanzigtausend Einwohnern und heute mit dem südlich der Ruhr gelegenen Ort Hüsten zu einer Stadt verbunden, liegt zwischen den Hügeln des Arnsberger Waldes und des Stadtforstes. Inzwischen gehört Neheim-Hüsten zur Stadtgemeinde Arnsberg. Vom „Klima“ Neheims, seiner geographischen Lage und gesellschaftlichen Situation ist Stock stark geprägt worden. Die Stadt sucht sich das enge Tal mit den hier zusammenströmenden Flüssen Ruhr und Möhne zu teilen. Den Horizont der Stadtkulisse bilden langgestreckte, bewaldete Bergterrassen. Eisenschaffende und metallverarbeitende Industrien herrschten lange vor. Im Lauf von ca. 80 Jahren entstand außerdem eine hochqualifizierte Beleuchtungsindustrie. Bis zum Beginn des neunzehnten Jahrhunderts waren die Bürger fast ausschließlich katholisch. Später wuchs die Mitgliederzahl der evangelischen Gemeinden beträchtlich. Stocks Vater, wortkarg und fleißig, war Arbeiter in einer Neheimer Lampenfabrik. Ein Jahr vor dem Ersten Weltkrieg baute er ein kleines Haus in der Gartenstraße. Als er 1914 eingezogen wurde, mußte seine Frau durch Arbeit in ihrem Heimatdorf die Schuldenlast abtragen. Franziska Stock, geb. Schramm, war lebhaft und aufgeschlossen; sie scheint im Hause Ton und Richtung angegeben zu haben. Beide stammten aus Ruhne auf der „Haar“ zwischen Neheim und Werl. Sie gehörten zu den Zuwanderern, die von den Verdienstmöglichkeiten der Industrie angezogen wurden.

1910 kam Stock in die katholische Volksschule. In diesem Jahr hatten die Volksschulen in Neheim 2260 Schüler – eine hohe Zahl.

Als bestimmende Macht, fast unumschränkt regierend, hat man sich am Ort den Katholizismus vorzustellen. Seit 1907 wurde er durch Dechant Anton Müting repräsentiert, einen jener Priester, deren Theologiestudium noch in die Kulturkampfzeit fiel. Der ziemlich kantige Souverän, unbestechlich, entschieden und mit autoritären Zügen, war Pfarrer an Neheims katholischer Hauptkirche Sankt Johannes Baptist. Den Religions- und Kommunionunterricht erhielt Franz Stock von Vikar Bönisch. Empfänglich, wie der Junge war, haben Gottesdienste, Festzeiten, Prozessionen und Wallfahrten ihn tief beeindruckt. Eltern und Kinder wallfahrteten jedes Jahr einmal zu Fuß nach Werl. Stock war schon im siebenten Volksschuljahr, als er sich mit dem Wunsch hervorwagte, Ordenspriester zu werden. Die Mutter trug sein Anliegen Pfarrer Müting vor, denn, wenn der Zwölfjährige nicht „Zeit verlieren" wollte, mußte er die Gymnasialfächer lernen. Müting riet zu, und so kam Franz Stock Ostern 1917 als Dreizehnjähriger auf das Neheimer Realgymnasium. Auch dort trat er so wenig wie auf der Volksschule durch besondere Leistungen hervor. Die vom Vater unterschriebenen Zeugnisse zeigen, daß der junge Mann, dessen „Betragen" neun Jahre hindurch „sehr gut" war, in den meisten Fächern geradezu auffällig unterschiedliche Noten aufwies. Er besaß starkes Talent zum Zeichnen, Malen und Holzschneiden. Auch in seiner Freizeit malte er. Früh war in einigen Teilen des Sauerlandes die Jugendbewegung zu Hause. Das Jugendherbergswesen nahm von hier seinen Ausgang. Franz Stock schloß sich als Gymnasiast dem Bund „Neudeutschland", später dem „Quickborn" an. Der Quickborn ist mit der Wandervogelbewegung entstanden. Er kam mit Bernhard Strehler aus Schlesien; zu seiner Gruppe stieß als Jugendbewegung der Franziskaner der sogenannte „Kreuzbund". Dritte im Bunde war die von Romano Guardini gegründete „Juventusgruppe". 1919 trat der Quickborn zum erstenmal auf Burg Rothenfels öffentlich in Erscheinung. Im Sauerland

fand er hauptsächlich durch den Werler Studienrat Theodor Abele und durch Adolf Wortmann Eingang. Vermutlich war Abele es, der Stock mit Guardinis „Briefen über Selbstbildung“ befreundete; sie übten auf Franz Stocks Leben einen bestimmenden Einfluß aus.
Wer die Konturen der Berge ständig vor seinen Augen hat, möchte wissen, was „hinter den Bergen“ ist. In den Ferien wanderte oder trampte Stock. Bald kam er nach Bayern und Österreich; in Genf bestand er ein Abenteuer mit dem Zoll. Dieser Trieb in die Weite war wohl auch eine Reaktion auf die kleinbürgerlichen und kleinstädtischen Verhältnisse, in denen Stock aufwuchs. Das Lebens- und Geistesreformerische der Jugendbewegung ergriff ihn; ja, es strahlte in die häusliche Umwelt hinein.
Ostern 1926 machte Stock am Realgymnasium in Neheim sein Abitur. Zu den Aufgaben für die schriftliche Reifeprüfung gehörten damals im Schulfach Deutsch Themen wie: „Versailles, Name stolzer Erinnerung, schmerzlicher Gegenwart“ und „Jung ist, wer an ein Land hinter den blauen Bergen glaubt“. Auch 1926 zeigten die Abiturienten ihr bestandenes Abitur an. Die Vorderseite der Postkarte zeigt einen Holzschnitt von Franz Stock: die stilisierte Silhouette von Schmied und Gehilfe an der Esse. Darüber steht der Satz: „Schmiede, Deutscher, dein Glück“. Man kann sich vorstellen, wie stolz die Eltern waren, daß ihr Sohn es zu einem guten Abschluß gebracht hatte.

III. Studium und Weihe

Kurz nach dem Abitur begann Stock in Paderborn katholische Theologie zu studieren. Der Wunsch, Ordenspriester zu werden, scheint hinter der Erwartung der Eltern auf den möglichen Beistand des künftigen Weltpriesters zurückgetreten zu sein. Zudem fiel das Wort des Pfarrers ins Gewicht, der ohne Zweifel konsultiert worden war und mit ziemlicher Sicherheit vom Ordensstand abgeraten hatte. Natürlich konnte die kinderreiche Arbeiterfamilie die Kosten des Studiums nicht allein aufbringen. Eine Anzahl von sozialen Stiftungen bewies die Gebefreudigkeit begüterter Neheimer Bürger. Einer der Arbeitgeber des Vaters von Stock – der Unternehmer H. Kaiser – leistete einer örtlichen Tradition entsprechend großzügig finanziellen Beistand. Noch am 9. November 1939 schrieb Rektor Stock seinem einstigen Gönner: „Dankbaren Herzens will ich... am Altare ein Memento in mein priesterliches Gebet einschließen und mich stets Ihrer großen Mildtätigkeit und opferwilligen Bereitschaft, die Sie mir persönlich und meiner Familie angedeihen ließen, erinnern." Das Studium war gesichert.

Im selben Jahr (1926) nahm der Theologiestudent Franz Stock an einem Friedenstreffen der Bewegung Marc Sangniers in Bierville bei Etampes teil. Marc Sangnier war einer der Vorkämpfer der Demokratie unter den französischen Katholiken und ein aktiver Verfechter des Völkerfriedens. Das unter dem Leitwort „Friede durch die Jugend" stehende Treffen vereinigte ungefähr zehntausend junge Menschen aus ganz Europa. Hermann Platz war es, der Stock auf das französische Treffen aufmerksam machte. Bis heute kann man die Spuren dieses Treffens verfolgen. So hielt sich zum Beispiel auch der westfälische Kaplan B. Poether aus Hiltrup in Bierville auf.

Die Ideen Marc Sangniers haben den Quickborner nachhaltig beeinflußt. Er lernte Polnisch und Russisch und hoffte nach dem Zeugnis seines Mitbruders Ludwig Klockenbusch, „einmal in Rußland zu wirken". Poether starb im KZ Dachau, „weil er im letzten Kriege notleidenden Polen geholfen hatte und unfähig war, sich zu verstellen". „Er zählte zu denen, die nicht per Zufall in die Hände der Gestapo geraten sind." Ein bestimmter Artikel im umfangreichen offiziellen Tagungsbericht von Bierville inter-

essierte Franz Stock besonders. Er strich sich den Artikel „Wann ist der Krieg gerecht?" an.
Das theologische Studium in Paderborn nahm Stock ganz in Beschlag. Manches am Vorlesungsbetrieb und am Konviktsleben störte ihn. Wie Rudolf Dietrich meint, war Stock seinem ganzen Wesen nach weniger ein an der Theologie als an sozial-caritativen Dingen interessierter Mensch. Die theologischen Examen bereiteten Stock ziemliche Nöte; seine Neigungen waren ausgesprochen ästhetisch. Stock suchte sich in Paderborn seinen eigenen Weg. Die in Bierville aufgeworfenen Fragen ließen ihn nicht mehr los. Er beschloß, einige Semester im Ausland zu studieren. Anfangs hatte er vor, gemeinsam mit Dietrich nach Löwen zu gehen. Dieser Plan zerschlug sich. Dann stand ihm Paris als Ziel vor Augen. Dietrich zögerte, nach Paris zu gehen, und so fuhr Stock Ostern 1928 mit Erlaubnis seiner Vorgesetzten allein ab. Er war der erste deutsche Theologiestudent nach dem Kriege, der in Frankreich studierte. Joseph Folliet erinnert sich: „Es war gar nicht leicht, die Verbindung nach Paris zu schaffen. Das Studium eines deutschen Theologen in Paris war für die Franzosen von 1928 undenkbar. Eine ganze Reihe von Besprechungen mit akademischen Autoritäten erwies sich als notwendig, um das Unmögliche möglich zu machen."
Im ersten Semester wohnte Stock in der 34 Rue Michelet Prolongue bei Abbé Ouvre. Von Issy-les-Moulineaux aus antwortete er seinem Freund auf dessen Brief „und die lieben Grüße aus der Heimat". Der Brief ist undatiert. „Lieber Rudolf... Ich kann leider nur ganz kurz – ohne allerdings Wesentliches auszulassen – antworten; denn meine Korrespondenz ist so kompliziert geworden, von allen Seiten Anfragen, Auskunft über dieses und jenes, der eine wünscht Auskunft über gute französische Romane für eine Stadtbibliothek, der andere möchte effektvolle Artikel für eine Zeitung, wieder ein anderer will Näheres wissen über das Leben in Paris, billige Unterkunft für die

Ferien und so weiter. Jeden Tag kommen derartige Sachen an. Aber da ich weiß, daß Du ein ganz besonderes Interesse hast für meinen Aufenthalt am Institut Catholique, schreib ich Dir etwas mehr als den anderen gewöhnlich. Zunächst zur Einleitung etwas Amüsantes: Ich komme gerade von einem Spaziergang wieder mit zwei Seminaristen (Mittwoch ist der freie Nachmittag für die Seminaristen). Mit einem Dampfer sind wir die Seine abwärts gefahren bis St. Cloud, einem alten Schloß Napoleons III. Es war sehr interessant, man unterhält sich in *liebenswürdiger* (unterstrichen d. A.) Weise. Vergangenen Mittwoch besuchten wir Malmaison, Museum Napoleons I. Du siehst mein intimes Verhältnis mit den Seminaristen. Ich wohne nicht im Seminar aus dem einfachen Grunde, weil ich zu spät hier ankam. Esse aber des Mittags im Speisesaal des Seminars am Institut Catholique. Über die große Differenz zwischen dem Seminarleben hier und dem Spital erzähl ich Dir daheim mehr. Zunächst genügt es, zu sagen, daß hier ein viel freierer Wind weht als im Leoninum (Zusatz am Rand: „Sag das niemandem weiter!"). Die wirklichen Theologen (in Soutane) und die philosophischen Semester wohnen alle in demselben Gebäude. Übrigens ein sehr altes, historisch bedeutendes Seminar. Hier sind bei der großen Revolution 1789 eine ganze Reihe der oberen Geistlichkeit hingerichtet worden, den Platz kann man heute noch deutlich erkennen, die alten Zellen, die Schwerter, alles hat man gelassen, wie es ursprünglich war. Jeder Seminarist betritt mit Ehrfurcht diese Stelle. Tagsüber habe ich im Seminar ein Zimmer zur Verfügung, abends fahr ich heim mit der Untergrundbahn, dem billigsten Transportmittel von Paris. Es dauert jedesmal ungefähr zehn Minuten. Ich wohne hier bei einem Pfarrer in der Banlieue (Weichbild...) von Paris, bezahle für mein Zimmer (groß und sauber) 150 frcs. pro Monat = 25 M. Abends esse ich hier in Issy in einer Ecole diocésaine im Refektorium mit dem Direktor und den übrigen Lehrern.

Ehe ich nun im einzelnen auf Deine Fragen eingehe, will ich in einem Dir sagen, wie es mir hier gefällt: Hinsichtlich meiner theologischen Studien bietet I. Cath. sehr viele Vorzüge, bezüglich der ganzen Atmosphäre, in der ich mich hier befinde, bin ich sehr zufrieden und möchte nicht auf immer schon sogleich hier weg. Wenn ich es erreichen kann, werde ich wenigstens noch ein Jahr hier bleiben.
Der theologische Studienplan wird Dich interessieren: zunächst einen beachtenswerten Unterschied zwischen Paderborner Theologie und der am Institut Catholique.
Die dogmatischen Vorlesungen verteilen sich auf drei Professoren, der erste gleicht in manchem unserem Bartmann, es ist jener bekannte Pater d'Alès S.J., Herausgeber des Dictionnaire apologétique de la foi catholique und so mancher anderer gelehrter Bücher, liest in diesem Jahr de Deo Trino. Der zweite liest De Fine ultimo humanae vitae und das mit einer thomistisch-spekulativen Delikatesse und Gedankenakrobatik, indem er vor uns den sublimsten Kern thomistischer Spekulation aufdeckt, daß man wirklich ganz begeistert ist von seinem Kolleg. Dazu noch die französische Liquidität der Sprache und des ... (unleserlich; d.A.), die sich äußert in markanten und pikanten Gesten, die sein ganzes südfranzösisches Element verraten, oft gerät er ganz in Ekstase, vor allem wenn ihm ein neuer, fruchtbarer Gedanke kommt; steht dann da oben auf dem Katheder mit ausgebreiteten Armen. Du kannst vielleicht auf den Gedanken kommen, daß so etwas reine Phrase ist, nein, keineswegs. Ich zeige Dir das gleich an einigen Beispielen aus seinem Kolleg...
Schon die Tatsache, daß man ein ganzes Jahr lang (zwei Semester) eine Materie behandelt, zeigt schon an, daß es sich hier um ein Arbeiten handelt, das bis in die letzten Tiefen (relativ) geht. Und doch hat man in den vier Jahren Theologie mehr und gründlicher d. theol. Wiss. erledigt.
Der dritte Professor bildet die Synthese von beiden, etwas apologetischer, der sich gut auskennt in der modernen Li-

teratur. Und folgendes gefällt mir hier so: Man sagt nie zum Beispiel Loisy oder Harnack sagt dies oder jenes, ohne die Stelle genau zu zitieren oder vorzulegen. Fast zu jeder Stunde bringt der Professor (das gilt für alle Vorlesungen) einige Bücher mit, aus denen er die betreffenden Stellen vorliest und interpretiert. Es sind sicherlich keine allgemeinen Phrasen, sondern qualifiziertes wissenschaftliches Arbeiten. Dieser letzte Professor liest über Offenbarung, Wunder und Inspiration.
Wir haben sechs Stunden Dogmatik zusammen (es sind volle Stunden, keine dreiviertel Stunden). Die Exegese ist ebenfalls sehr gut, nicht wie ich anfangs dachte, sehr schüchtern und vorsichtig, nein sondern fin à la Peters. Denk nur daran, daß Loisy ehemals Professor am Institut Cath. war, daß ferner sich augenblicklich hier (unter uns gesagt) ein Professor aufhält, den die Bibelkommission seines Amtes enthoben hat und der jetzt spirituelle Instruktionen für die Seminaristen gibt.
Ich glaube, Du erkennst den fruchtbaren Wert einer solchen Methode (Dogmatik auf drei Professoren verteilt, jeder Stoff ein Jahr lang behandelt). Leider wird hier sehr viel Hebräisch und Griechisch gearbeitet, die ganzen theologischen Jahre hindurch.
Das Ganze ist objektiv geschildert. Und gerade Du als Humanist wirst sehr viel Nutzen daraus ziehen können. Es wird vielmehr alles in Französisch erklärt, manchmal vergißt der Professor Lateinisch zu reden, und redet die ganze Stunde auf Französisch. Dann gibt ferner jeder Professor der Dogmatik einen umfangreichen „Klatsch" in lateinischer Sprache heraus, mit einem kritischen Quellenapparat, was natürlich das Studium ungemein erleichtert. Und diese Klätsche sind ein ungemein wertvoller Besitz.
Die Fahrt nach hier verlief ohne Unterbrechung. Wenn Du willst, kannst Du auch im Seminar wohnen, kannst einen schwarzen Rock anziehen oder nicht, ganz nach Belieben. Ich habe bis jetzt keinen.

Die Deutschen stehen hier in einem hohen Ansehen. Überall von den Seminaristen geschätzt, vor allem wegen der Fülle theologischer Literatur und kritischer Arbeit. Man hat mich schon sehr oft gefragt, warum ich hierher gekommen sei, bei uns habe man doch bessere Universitäten. Zum Beispiel einer der größten französischen Theologen, der am besten deutsche theologische Literatur kennt (H. Bremond; d. A.) ist hier am Inst. Cath. liest leider in diesem Semester nicht. Du wirst staunen, wenn Du sein letztes großes Werk aufschlägst über Histoire du Dogme de la Trinité. Es ist wirklich ein Kompendium deutscher theologischer Literatur. Mittags bis zwei Uhr Spaziergang im Garten des Seminars. Man spricht bald mit diesem, bald mit jenem, übrigens sind hier viele Ausländer: Russen, Tschechen, Rumänen, Jugoslawen, Polen, Engländer, etc. mit denen ich zum Teil ganz nah befreundet bin. Vor allem mit den Polen und Russen, die mich schon öfters zum Tee (à la Russe) eingeladen haben. Wenn ich wieder hier zurückkomme, dann werde ich bei den Russen russisch lernen, bis jetzt habe ich keine Zeit dazu. Man braucht seine Zeit, um einzudringen in die französische Methode, in die Lektüre des heiligen Thomas, der hier Trumpf ist, etc. Man muß jeden Tag darin lesen.
Immatrikulationsgebühren betragen für die Theologie nur zehn bis fünfzehn Mark für ein Semester.
Pfingsten hatten wir keine Ferien, dagegen ist am *20. Juni* hier schon Schluß. An der Sorbonne, die ich auch besucht habe, am *28. Juni*. Ich werde nicht sofort heimkommen, sondern noch bis zum 15. Juli bei einem Freund in Macon wohnen und dann mit drei oder vier französischen Seminaristen die Heimat überfallen. Diese werden dann die Ferien über in einigen Familien meiner Heimatstadt bleiben, um die deutsche Sprache und den Volkscharakter zu studieren. Das werden schöne Ferien.
Ich habe dies in einem Zuge durch geschrieben und Du merkst es schon an dem Geschmiere, daß es dem Ende

zugeht. Ich will deshalb kurz schließen und hoffe erstens, daß Du aber wohl verstehen wirst, und wenn Du noch einiges zu fragen hast, dann schreib mir bald, ich fahre schon vielleicht am 16. Juni hier ab.
Viele Grüße an meinen Contheologen in Münster. Und sag, daß ich in der besten Verfassung mich augenblicklich befinde.
Viele Grüße aus der Seinestadt
Dein Franz Stock

Holla! Es kommt mir ein Gedanke:
Ich kenne hier noch einige, die vielleicht gern ihre Ferien in Deutschland verbringen wollten, wenn sich eine günstige Gelegenheit fände. Vielleicht kannst Du einen Seminaristen für die Ferien aufnehmen, das würde folgende Vorteile haben:
1. Du lernst Französisch, der Seminarist lernt Deutsch.
2. Es würde eventuell für nächstes Jahr oder später für Dich einen Aufenthalt bei jenem Seminaristen zur Folge haben.
3. Es dient der gegenseitigen Verständigung und gegenseitigen Kennenlernens, und ein solcher Aufenthalt würde ungemein fruchtbare Nachwirkungen haben, vor allem da es sich um Seminaristen handelt, die später einen großen Einfluß haben.
(Zusatz am Rand d. Briefes):
Ich gebe übrigens dem Vicaire Général des Bischofs Chaptal deutsche Unterrichtsstunden, bekomme pro Stunde 15 frs. = 2.50 Ça va!!"
Der Empfänger schickte den Brief an einen seiner Freunde, dessen Kommentar auf dem Briefrand erkennen läßt, wie ansteckend Franz Stocks Pariser Werben war. Rudolf Dietrich fragt seinen Mitbruder, ob er ihm helfen könne, daheim einen französischen Seminaristen unterzubringen. Im Wintersemester 1928/29 gelang es auch Dietrich, nach Paris zu kommen. Er wohnte zusammen mit Franz Stock

im Grand Séminaire (Couvent de Carmes, Rue Vaugirard); sie besuchten die Vorlesungen am Institut Catholique und an der Sorbonne. Beide waren von der Stadt fasziniert, und sie genossen die freiere Luft des Instituts, an dem damals auch Jacques Maritain las. Das Grand Séminaire gefiel ihnen; sie entdeckten die Bücherschätze der Seinequais und der Antiquariate. Belletristisch stark interessiert, verstand Stock es, sich mit der Literatur des Renouveau Catholique vertraut zu machen. 1928 begannen zugleich die wöchentlichen Besuche des Louvre, die Franz Stock auch später beibehielt. Stock hatte im ersten Pariser Semester in der Bannmeile gewohnt, und so machten Dietrich und Stock sich mit den mutigen Versuchen bekannt, diese sozial schwierigen Bezirke der ausgedehnten Seinestadt für die Seelsorge zurückzugewinnen. Die internationale Kollegialität der Seminaristen behagte ihnen. Bald war Joseph Folliet, den er in Bierville zum erstenmal gesehen hatte, Stocks Freund. Stock wurde Mitglied der „Compagnons de Saint François", einer Gründung von Folliet und René Baugey. Zu den erklärten Zielen dieser französischen Jugendbewegung gehörte von Anfang an der Völkerfriede. Im Mittelpunkt des Lebens der „Compagnons" standen allerdings religiös-soziale Ideen. Sie nährten sich aus franziskanischen Idealen: „Armut, Schlichtheit, Demut, Friede".

Stock, der in Paderborn als „frankophil" galt, machte aber auch Erfahrungen, die seiner Liebe zu Paris und zu Frankreich einen ziemlichen Stoß versetzten. Schon in den Tagen des Semesterbeginns las man im Grand Séminaire bei Tisch ein Buch des französischen Marschalls Foch. Ob es sein Erfolgsbuch „De la conduite de la guerre" oder einer der zwei Bände der „Mémoires" war, muß offenbleiben. Foch war nicht nur das Symbol der Marne- und Somme-Schlacht, die die deutsche Niederlage einleiteten, er „erzwang auch 1918 die Besetzung der Rheingrenze" und „suchte sie gegen den Willen französischer und amerikanischer Politiker durchzusetzen". Stock konnte – wenn seine Prinzipien es forderten – ein wütender Dickschädel sein. Er lehnte Fochs Buch leidenschaftlich ab. Dietrich teilte seine Meinung. In welcher Verfassung sich die beiden deutschen Gäste befunden haben müssen, zeigt ihr Entschluß, das Seminar zu verlassen und in ein nahegelegenes Hotel umzuziehen. Den Anstoß dazu gab Dietrich, denn es gehörte schon damals zu Stocks Eigenschaften, bei Alternativentscheidungen zu zögern. Am nächsten Morgen kam es zu einer langen Aussprache mit dem damaligen Regens des Seminars, dem späteren Kardinal Verdier. Sie teilten ihm, wie Dietrich berichtet, mit, daß sie sich – falls die Lektüre nicht abgesetzt werde – gezwungen sähen, nach Deutschland zurückzukehren und ihren Entschluß in einem Brief an die deutschen Bischöfe zu begründen. Nach allem, was sich heute noch darüber sagen läßt, versuchte Verdier, den Eindruck der beiden abzuschwächen und ihnen die französische Denkweise klarzumachen. Foch, dessen strategischem Können und militärischer Kühnheit Frankreich das „Marnewunder" verdankt, war praktizierender Katholik; er ging regelmäßig jeden Morgen zur Kommunion.

Das Gespräch scheint beiden Seiten größere Klarheit über die politische Mentalität der Franzosen und Deutschen von 1914 bis 28 gebracht zu haben. Jedenfalls wurde Fochs Buch als Lektüre abgesetzt, und die beiden Deutschen kehrten ins Grand Séminaire zurück. Ob ihr Handeln – vielleicht von Folliet beeinflußt – sich nur auf den völkerversöhnenden Geist von Bierville gründete oder auch mit heißspornigem Patriotismus auf den „Chauvinismus" des Marschalls antwortete, läßt sich nicht mit Sicherheit sagen. Soviel scheint gewiß: Im Paderborner Theologenkonvikt, dem „Spittel", las man damals bei Tisch nicht Ludendorffs oder Hindenburgs Kriegserinnerungen. Dazu bestand freilich wenig Anlaß. Die Generation der Theologen, die dem deutschen Kampf in Frankreich einen siegesgewissen patriotischen wie heilsgewissen religiösen Sinn

beizumessen versucht hatte, schwieg betreten oder verdrossen. Zum „Feldgeschrei" des deutschen Katholizismus im Ersten Weltkrieg gehörte zum Beispiel ein Buch, das, von der Paderborner theologischen Fakultät herausgegeben, 1915 in Paderborn erschien: „Der deutsche Katholizismus im Weltkriege". Dieses Buch gehörte zu einer Reihe von Veröffentlichungen, die auf die Angriffe der französischen Publikation „La Guerre allemande et le Catholicisme" mit ebenso nationalistischen wie moralistischen Argumenten zu antworten suchten. Das empfehlende Vorwort stammte vom Paderborner Bischof Dr. K. J. Schulte, dem späteren Kardinal von Köln. Professor A. J. Rosenberg schrieb darin unter anderem folgende Sätze: „Was soll aus dem Papste werden, wenn der Dreierverband siegt?" Oder: „Die versittlichende Kraft des Krieges ist eine Realität ersten Ranges." An anderer Stelle heißt es: „Kein römischer Imperator der ersten dreihundert Jahre grausamer Christenverfolgung hat so systematisch die christliche Religion unterdrückt wie die atheistische französische Republik unserer Zeit... Dieser Zustand würde nach der Besiegung dauernd werden." Ob Stock dieses Buch in der Hand gehabt hat, ist unbekannt, aber nicht unwahrscheinlich.
Nach drei Pariser Semestern kehrte Stock nach Paderborn zurück. Mit seinen französischen Freunden hielt er weiterhin engen Kontakt. Ein Lichtbildervortrag Stocks in Paderborn über die Seelsorge in der Pariser Bannmeile hinterließ bei den Mitstudenten nachhaltige Eindrücke; seine Hörer wandten sich jetzt mit vielen Fragen über Frankreich an ihn. Noch 1953 schreibt ein ehemaliger Mitstudent Stocks seiner Schwester Franziska: „Ihr Bruder hat mir damals im Priesterseminar die Adresse von Francis Jammes gegeben, den meine Mutter dann 1930 von Lourdes aus besucht und uns allen ein Buch mit Widmung von Jammes gebracht hat. Meiner Schwester Maria hat er in ihr Buch 1930 geschrieben, sie möchte ‚die Gottesmutter bitten, daß kein neuer Krieg zwischen Deutschland und Frank-

reich' käme." Eine leider undatierte, in Paderborn verlegte Schulausgabe unter dem Titel „Les plus belles pages de Francis Jammes" mit einer Einführung von Franz Stock zeigt, daß er nach seinem ersten Besuch bei Francis Jammes zum enthusiastischen Interpreten seiner Bücher wurde. Er beschrieb diesen wie den Besuch bei Abbé Bremond in einem begeisterten Artikel in der Rhein-Mainischen Volkszeitung. Hier erschien auch seine Kurzübersetzung von Ernest Hellos Aufsatz „Das göttliche Mysterium". 1930 nahm Stock als Mitglied der „Compagnons de Saint François" von Lyon aus an einer Wanderung in den französischen Alpen (hauptsächlich Savoyens) teil. Sein Freund Rudolf Dietrich und eine Reihe von Stock geworbener deutscher „Compagnons" schlossen sich an. Vergilbte Fotos zeigen das gewinnende Räuberzivil französischer und deutscher „Wandervögel", Bergtouren, Exkursionen, Laienspiele, Gesangsrunden und Bootsfahrten junger Leute, die „das Leben loben" und sich von den Erfahrungen naturverbundenen Daseins beschenken lassen. P. Aubertin und Joseph Folliet sind auf diesen Bildern festgehalten. Ein unscheinbares Foto von der Schlußfeier der Gruppe in Saint Alban, Lyon, zeigt Franz Stock bei seiner Abschiedsrede; es ist die Physiognomie eines „bündischen Seminaristen" mit dem Ernst eines redlichen Mittlers.

Damals übersetzte Franz Stock auch das Buch des Pariser Bannmeilen-Priesters P. Lhande ins Deutsche. Es erschien 1931 unter dem Titel „Gott in der Wüste" in Paderborn. Die Bewegung von Folliet und Baugey, an Zahl alles andere als imposant, suchte Aktion und Meditation zu vereinen. Der Titel ihres Organs umriß ihr Ideal. Es hieß „L'appel de la Route". Zu den Hauptaufgaben gehörten Fußreisen und Wallfahrten, die sich die Eroberung eines geistigen Gedankens zum Ziel setzten. Stock gründete eine deutsche Gruppe der „Compagnons". Im August 1931 nahm Stock an einer Wallfahrt der Compagnons „pour la paix entre les patries" in Luxemburg teil.

Wie einer seiner Mitstudenten, Christoph Allroggen, mitteilt, galt Stock nach seiner Rückkehr aus Frankreich in Paderborn als „aktiver Pazifist".
Am 15. März 1931 empfing Stock die Subdiakonatsweihe. Einige Stunden vor Beginn der Weiheexerzitien schrieb Stock folgenden Brief an seine Eltern: „Am heutigen Abend beginnen die Exerzitien. Ich bitte daher um Euer aller Gebet in diesen Tagen und werde ja auch viel Zeit haben, für Euch wieder zu beten und Gott zu danken, daß er mich so weit geführt hat. Meine lieben Eltern! In diesen Tagen tue ich in der Subdiakonatsweihe den entscheidenden Schritt ins Priestertum. Ich bin mir meiner ganzen Schwäche bewußt, aber trotzdem habe ich ein großes Vertrauen auf den, der uns stärkt, und werde, soviel in meinen Kräften liegt, mich dessen würdig zeigen. Es liegt doch ein Walten der Vorsehung in meiner ganzen Entwicklung, angefangen von dem Tage, da ich zum ersten Mal daran dachte, Priester zu werden, bis auf den heutigen Tag. So manche Umstände und Hindernisse ließ Gott mich überwinden. Ich denke an die Kriegszeit, die Jahre der Schule usw. Ich möchte daher, bevor ich die hl. Exerzitien beginne, Euch lieber Vater, liebe Mutter, besonders danken für all die Mühen, die Ihr auf Euch genommen habt, daß ich das werden konnte, was ich jetzt bin. Ich weiß, daß ich Euch meinen Beruf verdanke, da Ihr die religiösen Werte grundgelegt habt, von denen ich heute noch die wirkungsvollen Folgen verspüre. Tausendmal Dank! Ihr wart es, die mir eine gute religiöse Erziehung angedeihen ließet. Was wäre aus mir geworden, wenn mir das gefehlt hätte!... Auch heute noch brauche ich Eure Hilfe und Euer Gebet. In dem Segen der Eltern liegt viel Kostbares beschlossen. Ich bitte Euch daher, mir Euren elterlichen Segen zu geben, auf daß ich sicher den mir von Gott gezeigten Weg gehe..."
Stocks Weg zum Priestertum fiel in eine Zeit innerpolitischer Auseinandersetzungen. Die Gewaltmethoden verschärfter Wahlkämpfe kamen vor allem der wachsenden

nationalsozialistischen Bewegung zugute. Am 3. September 1931 brachte die nationalsozialistische Bochumer Zeitung „Rote Erde“ (Verlag „Westfalenwacht“) im Lokalteil zwei Artikel aus Paderborn. Sie kennzeichnen den Geist, der die Gedanken und Handlungen zahlreicher Nationalsozialisten bewegte. Franz Stock, aktives Mitglied des Friedensbundes deutscher Katholiken, bewahrte sich beide Artikel auf. Hier der Wortlaut des einen Artikels: „Was in Deutschland alles möglich ist. Am Sonntag fand auf dem Borberg bei Brilon eine Kundgebung des Friedensbundes deutscher Katholiken mit französischen Jugendbündlern statt. Wie das Paderborner ‚Westfälische Volksblatt‘ in Nr. 202 vom 2. d. M. schreibt, eine ‚erhebende Feier‘. Ob den Leuten von den letzten Ohrfeigen nichts bekannt geworden ist, die Frankreich Deutschland in den letzten Wochen wieder mal erteilt hat? Besonders ‚rührend‘ soll die Schilderung des französischen Abbé Berton gewesen sein, wie ihm die deutschen Priester den ‚Friedenskuß‘ gegeben haben, den er wiederum an andere deutsche Priester weitergegeben habe. Diese Schilderung mag auf weibliche und weibische Gemüter und Tränendrüsen unbedingt rührend gewirkt haben, unter uns Deutschen gilt ein kräftiger Männerhändedruck bei weitem mehr als solch perverses Geschmuse. Wir werden uns dies ehrlose Handeln des Friedensbundes deutscher Katholiken für die Zukunft merken müssen. Eine Anmaßung sondergleichen ist es überhaupt, wenn das ‚Westfälische Volksblatt‘ den Bericht dieser Kundgebung großspurig überschreibt: ‚Das Volk will Verständigung!‘ Wer ist denn hier überhaupt das ‚Volk‘ ? Weiß das ‚Westfälische Volksblatt‘ denn gar nicht, daß das Volk längst nicht mehr hinter dem Zentrum, geschweige denn hinter dem Friedensbund deutscher Katholiken steht? Selbst der größte Teil des katholischen deutschen Volkes will mit diesen beiden Verbänden schon lange nichts mehr zu tun haben.“

Hinter den Kundgebungen des Friedensbundes standen

die Briloner Brüder Rüther. Der Diakon Franz Stock war an ihrem Zustandekommen ebenfalls beteiligt.
Am 12. März 1932 (einen Tag vor dem ersten Wahlgang der Reichspräsidentenwahl) wurde Franz Stock in Paderborn von seinem Erzbischof Kaspar Klein zum Priester geweiht. Am zweiten Ostertag hielt er in der Heimatpfarrkirche St. Johannes Baptista sein feierliches Primizamt, bei dem Dechant Müting die Festansprache hielt. Stocks jüngster Bruder Heinz empfing in diesem Amt aus seiner Hand die erste heilige Kommunion. Auf seinen Primizzettel ließ Stock Worte aus dem ersten Kapitel des 1. Petrusbriefs setzen: „Weihet eure Seele durch Gehorsam gegen die Wahrheit zu aufrichtiger Bruderliebe und habet einander von Herzen lieb. Ihr seid ja wiedergeboren nicht aus vergänglichem, sondern aus unvergänglichem Samen, durch Gottes Wort, das lebt und ewig ist."
Man bestellte den achtundzwanzigjährigen Neupriester zum Hilfsgeistlichen in der Landgemeinde Effeln-Anröchte bei Lippstadt; bald darauf wurde er Vikar in der Bergarbeitergemeinde Dortmund-Eving. Fabrikschornsteine, Fördertürme und Industrieanlagen bestimmten das Bild der Gemeinde. Dicht dahinter begann das offene Land. Ein Foto des weiträumigen und für damalige Verhältnisse modernen Pfarrvereinshauses St. Barbara mit Saal und Gruppenzimmern läßt erkennen, daß die Industrieseelsorge den Bedürfnissen der Zeit gerecht zu werden suchte. Auch gab es 1932 im Ruhrgebiet dem heutigen Gastarbeiterwesen verwandte Seelsorgsprobleme. Damals wurde – wie bei dem im Neandertal wirkenden Carl Sonnenschein – zum ersten Mal Stocks Interesse für die Seelsorge an Menschen in außergewöhnlichen Lagen und anderer Nationen sichtbar. Er lernte Polnisch, um den polnischen Arbeitern der Zechen „Minister Stein" und „Hardenberg" näherzukommen, und konnte sich ihnen bald in ihrer Sprache verständlich machen.
Die politische Situation in Deutschland wurde freilich zu-

sehends schwieriger. Das Endstadium einer großen politischen und wirtschaftlichen Krise führte schließlich zur Berufung Hitlers als Reichskanzler und über den Weg des „Ermächtigungsgesetzes“ zur Zerstörung aller politischen Parteien. Die demokratische Presse wurde durch Gleichschaltung mundtot gemacht. Künftig führte die nationalsozialistische Presse eine heftigere Sprache als die Zeitung „Rote Erde“ vom 3. September 1931. Noch redeten sich viele Bürger ein, diese Sprache sei das Produkt einiger Heißsporne oder eine Übergangs- und Begleiterscheinung der sogenannten nationalsozialistischen Revolution. Die Erklärung der Reichsregierung vom 23. März 1933 und der Abschluß des Konkordats schienen diese auch unter den Katholiken verbreitete Auffassung zu rechtfertigen. Tatsächlich konnte der Nationalsozialismus samt seiner antifranzösischen Gesinnung in Dortmund-Eving nur schwer Fuß fassen. Ein großer Teil der katholischen Bergleute behielt auch nach der Aufforderung des deutschen Episkopats zur loyalen Mitarbeit vom 12. 11. 1933 sein Mißtrauen gegenüber dem neuen Staat. Viele Bergleute in den Dortmunder Zechenbezirken waren aktive Kommunisten. Manche von ihnen betrachteten (ähnlich wie ihre katholischen Arbeitskollegen) Stocks Bemühungen um eine geregelte Polenseelsorge mit ausgesprochenem Wohlwollen.

IV. Es ist etwas neu

Franz Stock fühlte sich in Dortmund-Eving wohl, nicht zuletzt deshalb, weil es als ein Terrain außerhalb der nationalsozialistischen Machtzone galt. Denn immerhin war inzwischen manches geschehen, das ihm eine Ahnung von dem verschaffte, was der katholischen Kirche im nationalsozialistischen Deutschland bevorstand. Knapp zwei Jahre war Stock in Dortmund-Eving Seelsorger, als ihn ein Schreiben des früheren Paderborner Bischofs, des damaligen

Kölner Kardinals Karl Josef Schulte, erreichte. Kardinal Schulte ließ Stock fragen, ob er bereit sei, die Leitung der deutschen katholischen Gemeinde in Paris zu übernehmen. Offenbar war Stock dem ehemaligen, inzwischen zum Kardinal erhobenen Regens Verdier willkommen. Stock sagte freudig zu. Sein Heimatbischof stellte ihn frei, und Anfang September 1934 traf er in Paris ein. Auch die Eltern freuten sich sehr über seine Berufung; Optimismus und Unternehmungsgeist zeichneten ja vor allem die Mutter aus. Stocks Schwester Franziska folgte ihrem Bruder wenige Tage nach seiner Ankunft in die französische Hauptstadt. Stocks Kenntnis der Landessprache, seine Freundschaften mit französischen Menschen und seine auf Verständigung zwischen Frankreich und Deutschland gerichtete Gesinnung schienen für sein Amt eine gute Grundlage zu bieten. Was ihn erwartete, waren ein seelsorglich schwieriges Gebiet und delikate Aufgaben. Der erste Brief nach Hause läßt erkennen, daß er die Lage richtig beurteilte: „Ganz leicht wird es nicht sein, aber mit Gottvertrauen wollen wir beginnen. Dann werden wir wohl zum Ziele kommen."

Stock blieb Zeit, sich von seinem Vorgänger, dem deutschen P. Heinrich Ritter, in die besonderen Umstände seiner neuen Tätigkeit einführen zu lassen. Ritter, aus dem Generalat der Patres vom Heiligen Geist, hatte die Seelsorge der Gemeinde 1926 von P. L. Helmig übernommen; er war von seinem Ordensoberen abberufen worden, um als Bischof nach Cruzeiro do Sul (Amazonas) zu gehen. Ritter verließ Paris erst Anfang 1936. Nach einer kurzen Übergangszeit verwaltete Stock sein neues Amt selbständig. Schon im Oktober 1934 taucht Stocks Name in einer Korrespondenz mit der deutschen Botschaft auf. Bezeichnenderweise handelt es sich um eine finanzielle Angelegenheit. Stock bestätigt den Empfang von 12 138 französischen Francs „Beihilfe für die deutsche katholische Gemeinde in Paris gemäß Erlaß des Auswärtigen Amtes Berlin vom 5. Oktober des Jahres". Derartige Reichszuschüsse aus dem Kulturfonds suchten seit 1928 der schmalen Finanzlage der Gemeinde aufzuhelfen. Sie wurden auch später in verschiedener Höhe gezahlt und brachten eine gewisse Abhängigkeit der Gemeinde von der deutschen Botschaft in der Rue de Lille mit sich. (Für die Jahre 1928/32 waren es ungefähr 30 000 Mark.)

Nach dem Ersten Weltkrieg hatte sich in Paris nur mühsam eine katholische deutsche Gemeinde bilden können. P. L. Helmig bestritt die notwendigen Aufwendungen seiner freiwilligen Arbeit aus den Spenden des „Elisabethvereins" und privaten Gaben. Seinem Nachfolger, P. Ritter, vom Kardinal von Köln offiziell im Amt bestätigt, gelang es 1928, mit Hilfe der deutschen Botschaft in der Rue Lhomond (Quartier latin, 5. Arrondissement) geeignete Räume zu mieten. Sie bestanden aus einem Empfangszimmer, einer Bibliothek, einem Lesezimmer und einem Versammlungsraum. Vorher hatte P. Ritter die Sprechstunden seiner Pariser deutschen Katholiken im Haus seiner französischen Ordensbrüder abgehalten. Jetzt erhielt die deutsche Seelsorge in Paris einen festen Platz. Von Anfang an gehörte zu ihr die geistliche und caritative Betreuung der in der Hauptstadt arbeitenden oder arbeitsuchenden Mädchen. 1932 richtete man für sie in der Rue Lhomond Nr. 23 ein Wohn- und Übernachtungsheim ein.

Die Bemühungen um eine eigene Kirche waren weniger glücklich. Schon 1928 versuchte P. Ritter vergeblich, die Mitbenutzung der „Eglise des Etrangers" in der Rue de Sèvres 33 zu erreichen. Auch als Ritter sich dann bei Weihbischof Crépin dafür einsetzte, wenigstens die öffentliche Klosterkirche der „Sœurs de la réparation" in der rue d'Ulm gelegentlich mitbenutzen zu dürfen, erhielt er eine deutliche Abfuhr: Ein „Hinführen der Deutschen in die Klosterkirche", meinte dieser, „würde Unfrieden und Streit unter die Schwestern bringen und das Kloster selbst der Gefahr aussetzen, bei den ersten besten studentischen Unruhen in

Mitleidenschaft gezogen zu werden. Die Gemüter hätten sich noch nicht beruhigt, und das französische Volk habe das große Bluten noch lange nicht vergessen." Die deutsche Botschaft half der Gemeinde, die gemieteten Räume in der Rue Lhomond zu möblieren. Nach „langen und schwierigen Verhandlungen" gelang es schließlich auch, „den in Paris wohnenden Katholiken deutscher Sprache ihren eigenen Gottesdienst zu sichern". Am 1. Juli 1928 fand er erstmalig in der Ausländerkirche „Eglise des Etrangers" statt. Daß Ritters Deutschenseelsorge von ihm auch als ein Mittel zur Bewahrung des „Volkstums" verstanden wurde, geht aus einem Schreiben der Botschaft an das Auswärtige Amt vom 18. Mai 1928 hervor: „Bei der mit großem Eifer betriebenen Betreuung der Fremdenseelsorge könnte den Deutschen ihr Volkstum leicht verlorengehen, wenn dem Antrage von P. Ritter nicht entsprochen würde." Diese Deutschenseelsorge wurde von extrem nationalistischen französischen Kreisen mit Argwohn betrachtet, wie ein „Steckbrief" der „Action Française" beweist. Dort heißt es unter anderem: „Er (Ritter) bekennt sich zum deutschen Nationalismus und zum Haß gegen Frankreich... Im Mutterhaus der Missionare empfängt er... eine große Anzahl Deutscher. Sonntags hält er ihnen einen Gottesdienst und eine Ansprache. Ihm wohnen nur Deutsche bei. Außerdem unterhält er ein möbliertes Haus, in dem etwa zehn deutsche Mädchen wohnen, die sich sonderbarerweise nicht mehr als zwei Monate in Paris aufhalten; ihnen folgen wiederum neue Hilfstruppen... Seine Arbeit wird nicht von seiner Kongregation noch vom Erzbischof von Paris, sondern vom Bischof von Köln finanziert."
Dabei knüpfte Stocks Vorgänger Ritter an eine verhältnismäßig alte Tradition organisierter deutscher Seelsorge in Paris an. Ihre Geschichte reicht bis in die Mitte der vierziger Jahre des vorigen Jahrhunderts zurück. Im Jahre 1934 gehörten rund 500 eingetragene Mitglieder zur Gemeinde. Diese Zahl stieg in den folgenden Jahren etwas an, schwank-

te aber immer stark. Die Rue Lhomond liegt zwar nicht weit von der Sorbonne und dem Pantheon entfernt; die in Paris studierenden deutschen Studenten suchten jedoch meist Anschluß bei den französischen Studentenverbänden. Familien (auch Diplomatenfamilien), alleinstehende Damen und Hausangestellte, Kindergärtnerinnen und Säuglingsschwestern bildeten das Gros der Gemeinde. Der sonntägliche Hauptgottesdienst wurde in der Eglise des Etrangers gehalten, alle übrigen Gottesdienste fanden in der Heimkapelle statt.
Das erste Jahr Stocks in Paris gehörte natürlich vor allem dem organisatorischen Ausbau der Gemeinde. Dieser fand freilich seine Grenze an ihrer ständigen Fluktuation: Viele Mitglieder hielten sich nur vorübergehend in Paris auf. Von vornherein griff Stocks Wirksamkeit über den bloßen Gottesdienst hinaus. Sie umfaßte ein vielfältiges Programm – vom „geselligen Beisammensein" der Gemeindemitglieder über den gemeinsamen Ausflug bis zur Theateraufführung im Heimsaal. Seit ihren Anfängen war mit der deutschen Seelsorge in Paris die sozial-caritative Tätigkeit verbunden. Regelmäßig wurden aus der Gemeindekasse ungefähr vierhundert Personen unterstützt. Bald kam Stock auch mit der Not der deutschen Emigranten in Berührung. Augenzeugen seiner Pariser Wirksamkeit bestätigen, daß er zahlreichen politischen Flüchtlingen aus Deutschland, Österreich und der Tschechoslowakei ersten Beistand leistete. Es versteht sich von selbst, daß die deutsche Botschaft bei dieser Hilfe nicht in Anspruch genommen werden durfte. Sie scheint ihr im übrigen entgangen oder stillschweigend von ihr geduldet worden zu sein. So wurde die Rue Lhomond 21/23 mehr und mehr zu einem besonderen Ort christlicher Sozialarbeit. Wachsende Arbeitslosigkeit rief eine Verschärfung der französischen Arbeitsbestimmungen hervor. Sie brachte zahlreiche Deutsche in Schwierigkeiten; viele mußten in die Heimat zurückkehren. In einem seiner Jahresberichte über das Gemeindele-

ben schreibt Stock: „Tag für Tag klopfen diese in schwere Not geratenen Landsleute an unsere Tür und manchem konnte, wenn auch nur für den ersten Augenblick, über die Not hinweggeholfen werden." Unzähligen Arbeitssuchenden wurden neue Stellen vermittelt. Für die Übergangszeit fanden sie in der Rue Lhomond 23 ein Unterkommen. Daß zum Seelsorgsprogramm auch die „Pflege des Deutschtums" gehörte, ist einem der Situationsberichte Stocks zu entnehmen: „Mit Recht kann man behaupten, daß unsere Heime in der Erhaltung der Liebe zum Vaterland, in der Pflege der Muttersprache, in der Pflege des deutschen Volksliedes, im deutschen Spiel, in Geselligkeit und echtem Humor wirkliche Pflanzstätten des katholischen Auslandsdeutschtums sind."

Der neue Seelsorger in der Rue Lhomond handelte nicht nur den Vorstellungen der politischen Vertretung Deutschlands in der französischen Hauptstadt entsprechend, als er das Ergebnis der Saarabstimmung vom 13. Januar 1935 am 24. Januar 1935 mit seiner Gemeinde festlich beging. Er entsprach damit auch den Wünschen des deutschen Episkopats, der damals glaubte, seine nationale Gesinnung deutlich unter Beweis stellen zu müssen, schon weil sie ihm von führenden Nationalsozialisten abgesprochen wurde. (Daß das wohlwollende Verhalten der Nationalsozialisten während der Abstimmung rein taktischen Überlegungen entsprang, sollte sich noch im Frühjahr 1935 herausstellen.) Die Bischöfe von Speyer und Trier bekundeten damals in eigenen Hirtenbriefen, die Saarabstimmung habe bewiesen, „daß Deutschtum und Christentum, Kirche und Deutschtum keine Gegensätze sind."

Die Beziehungen der Gemeinde zu französischen Kreisen litten seit 1935 unter dem unguten politischen Klima. Im Jahre 1936 berichtete Stock dem Kölner Kardinal: „Die Zusammenarbeit mit französischer Jugend oder im allgemeinen mit französischen Katholiken mag in früherer Zeit leichter und ersprießlicher gewesen sein. Die Gründe hierfür sollen an dieser Stelle nicht erörtert werden. Trotz der gespannten politischen Lage und trotz der großen Reserve der ehemals freundlich gesonnenen Jugendbewegungen in Frankreich haben wir auf eine gewisse Zusammenarbeit und Annäherung nicht zu verzichten brauchen. Zu unseren Abendveranstaltungen fanden sich des öfteren aufgeschlossene junge Franzosen ein, um die deutsche Sprache und deutsches Gemeinschaftsleben kennenzulernen. Da war vor allem die französische Franziskusjugend (die ‚Compagnons de Saint François'; d. A.), die mehrere Male geschlossen zu unseren Veranstaltungen kamen. Am Franziskustag wurde gemeinsam mit ihr eine deutsch-französische Abendfeier veranstaltet, bei der wir deutsche Lieder und Volkstänze vortragen und aufführen konnten. Ein anderes Mal hatten wir den Saal für ein Kinder- und Familienfest des ‚Sillon Catholique' zur Verfügung gestellt. Es waren immer frohe, erinnerungsreiche Stunden, die sicherlich nachhaltend wirken werden. Am Montag vor Weihnachten konnten wir bei der Ausgestaltung eines internationalen Weihnachtsliederabends mitwirken."

V. Im Schatten der Politik

Daß die Politik der Berliner Zentrale des Dritten Reiches auf seine Arbeit Schatten warf, sollte Stock immer wieder zu spüren bekommen. Am 16. März 1935 wurde in ganz Deutschland die Wiedereinführung der allgemeinen Wehrpflicht verkündet. Frankreich beantwortete sie mit der zweijährigen Dienstpflicht. Im übrigen fand die deutsche Maßnahme bei den meisten Franzosen ein negatives Echo. Am 30. März 1935 veröffentlichte die Pariser Zeitung „Le Journal" einen Artikel gegen Stock, der auf Verleumdung hinauslief: „Du prêtre au propagandiste colonial en passant par la ménagère de Goebbels": „Eine blonde Walküre öffnet. Wir sind in der Pariser Wohnung der jungen Deutschen. An einer Türe das Etikett ‚Rektor'. Der vor uns steht, ist ein junger, blonder Mann. Seine Augen sind blau... die langen Hosen schauen unter der kurzen Soutane hervor – das ist eine deutsche Mode... Der Rektor ist ein vielbeschäftigter Mann. Die bildergeschmückten Wände lassen Platz für viele Bücher, seriös wirkende, sauber aufgereihte Werke: Evangelien, homiletische Handbücher und Hagiographien. Unter dem Schein der Lampe leuchtet eine wahre Symphonie bunter Farben. Hat der Priester vielleicht ein faible für französische Kriminalromane? Aber nein. Eine Ecke seiner Bibliothek ist dem profanen Evangelium des Dritten Reiches gewidmet. Da stehen sämtliche Bücher, die Hitler, seine Leutnants und seine Theorien preisen. Stock ist nämlich ein Lobredner Hitlers, und er läßt nazistische Lieder singen... Es ist schwer zu fassen: Hier praktiziert ein junger Priester die Doktrinen Hitlers..." Der Aufsatz endete mit der Unterstellung, Stock leiste der deutschen Gestapo Spitzeldienste bei der Verfolgung der Angehörigen jener Emigranten, die früher in Deutschland lebten.

Stock hatte es leicht, den Reporter darüber aufzuklären, daß das angebliche „Evangelium des Dritten Reiches" der Große Herder war. Die Einbände waren braun... Daß er deutsche Emigranten in Paris unterstützte, mußte Stock ihm verschweigen.

In diesen Wochen äußerte Stock deutschen Freunden gegenüber seine Bedenken gegen die Wiedereinführung der allgemeinen Wehrpflicht, und in dem von ihm herausgegebenen Gemeindeblatt (Jahrgang Nr. 1/2.) veröffentlichte er eine Ansprache des Papstes gegen den Krieg: „Schon sehen Wir, daß man im Ausland von einem Eroberungskrieg spricht, von einem Angriffskrieg. Das ist eine Annahme, bei der Wir nicht einmal unsere Gedanken verweilen lassen wollen, eine bestürzende Annahme." Wie schwer Stock freilich an dem verallgemeinernden Mißtrauen französischer Bürger gegen die Deutschen und besonders an journalistischen Attacken trug, wird aus einem Vortrag deutlich, den er am 29. August 1936 auf der „Katholischen Auslandsdeutschen Mission“ in Frankfurt a. Main hielt: „Wichtige außenpolitische Entscheidungen finden ihren Widerhall im Verhalten des Gastlandes zu den Auslandsdeutschen. Schweigen will ich ganz von der Verhetzung und Bedrohung durch die französische und spanische Presse, die an allem, was sich bewußt deutsch nennt und danach handelt, herumkritisiert und unsere Arbeit nur als eine Propaganda des neuen Deutschland ansieht. Mein Landsmann und Confrater in Madrid und ich selbst wissen davon ein Lied zu singen. Ganz außer acht bleibt auch die Hetze einer gewissen Flüchtlingsclique. Die Arbeit als Auslandsseelsorger ist zu groß und zu schön, um auch nur in irgendeiner Weise sich beirren zu lassen von solchen, die von katholischer Missionsarbeit in der Fremde nichts verstehen und alles nur sehen im Kolorit der Verhetzung und Mißdeutung...“

Unter dem Eindruck der sich verschlechternden Beziehungen zwischen Kirche und Staat in Deutschland trübte sich langsam auch das bisherige gute Verhältnis der Gemeinde zur nationalsozialistisch orientierten „Deutschen Gemeinschaft“ in Paris. Nach Äußerungen damaliger Augenzeugen lief der Kontakt ohnedies auf ein gewisses Konkurrenzverhältnis hinaus. Die „Deutsche Gemeinschaft“ unterhielt ein Haus in der Rue Roquépine, dessen großer Saal mit Hakenkreuzfahnen und einem riesigen Bild Hitlers ausgestattet war. Hier pflegte man eine der katholischen Gemeinde äußerlich verwandte Geselligkeit. Im selben Haus befand sich die Schriftleitung der 1935 wiedergegründeten Pariser „Deutschen Zeitung“, ein Blatt, das allerdings Stocks Mitarbeit am Feuilleton schätzte. Vor allem während der Besatzungszeit schrieb er dort über französische Landschaften und gewisse Etappen deutsch-französischer Kulturgeschichte.

Die Beziehungen zur deutschen Botschaft waren besser,

mitunter sogar erfreulich. Sie gingen über Stocks Beteiligung an den alljährlich stattfindenden Gedenkfeiern für die deutschen Gefallenen weit hinaus. Im „Kirchlichen Anzeiger“ der deutschsprachigen Katholiken in Paris (Nr. 5, Februar 1936) heißt es: „Mit der deutschen Botschaft steht die katholische deutsche Gemeinde in enger Fühlung.“ Ein Brief Stocks vom 4. Februar 1936 an den Kanzler der Botschaft enthält folgende Sätze: „Von meiner Reise nach Deutschland bin ich Ende der letzten Woche zurückgekehrt und habe sowohl in Köln, beim Kardinal und bei meiner Behörde als auch in Berlin und Freiburg an den verschiedensten Stellen für unsere Gemeinde hier recht Positives herausgebracht. Vielleicht habe ich bald Gelegenheit, Ihnen ausführlich über meine Eindrücke zu berichten.“ Dem am 2. Januar 1936 verstorbenen deutschen Botschafter Roland Köster – einem geduldigen und heiteren Mann, der den damaligen Ministerpräsidenten Laval zum Freund hatte – folgte am 27. Februar 1936 der schlesische Aristokrat Hans Graf von Welczeck. Von Anfang an bewies der Katholik von Welczeck Franz Stock ein besonderes Wohlwollen. Am 1. Mai 1936 nahm der Botschafter zum erstenmal an einem Hochamt in der Gemeindekapelle teil; zu seiner Begleitung gehörten die Botschaftsräte von Brand, Pfeiffer, der Landesgruppenleiter Schleier und Dr. Freisler aus Berlin. Bald darauf fand Stock Gelegenheit, mit von Welczeck über die bedrängende finanzielle Situation der Gemeinde zu sprechen. Am 2. November hielt er bei der traditionellen Kranzniederlegung auf dem Gefallenenfriedhof Jury in Gegenwart des Botschafters und zweier deutscher Militärattachés eine Ansprache. Überhaupt scheint das Jahr 1937 für Stock und seine Pariser Wirksamkeit die erfreulichsten Früchte getragen zu haben. Die Gemeinde profitierte von dem dauernden Strom durchreisender katholischer Landsleute, die in der Rue Lhomond so etwas wie einen Stützpunkt besaßen. Mehrstimmige Gesänge des Gemeindechors während der Sonn-

und Feiertagsmessen in der Eglise des Etrangers zogen zahlreiche musikinteressierte Franzosen an. Auch die Bemühungen der „Deutsch-Französischen Gesellschaft“ besaßen zu diesem Zeitpunkt noch einen bestimmten Kredit; sie schufen für die Gemeindearbeit in der Öffentlichkeit ein besseres Klima. Stock, Herz und Kopf der Rue Lhomond 21 und 23, konnte hoffen, seinem eigenen Verlangen – dem Frieden zwischen Deutschland und Frankreich – endlich ein Stück näherzukommen.

Im Januar 1937 wurde nahe beim Eiffelturm der Grundstein zum deutschen Pavillon auf der Pariser Weltausstellung gelegt. Die Weltausstellung 1937 verstand sich als eine Olympiade des Völkerfriedens; Stock hat als Teilnehmer der Feier alle ihre Aspekte im Bild festgehalten. Damals richtete nach Mitteilung von Otto Abetz „ein dem Comité France-Allemagne angehörender, sehr für Deutschland eintretender (französischer) Geistlicher in seinem am Gare de l'Est gelegenen Pfarrsprengel eine große Jugendherberge eigens für die jungen Besucher aus Deutschland“ ein. Unter ihnen befanden sich zahlreiche Angehörige der Hitlerjugend. Am 7. März 1937 sah die Gemeinde zum zweitenmal von Welczecks Besuch. Die Bonner Madrigalvereinigung unternahm auf Einladung Stocks hin eine musikalische Verständigungsreise. Neben dem Botschafter, fast sämtlichen Botschaftsmitgliedern, den Vertretern der NSDAP in Paris saß auch der französische Ausländerbischof Msgr. Chaptal. Das Programm verband deutsche Chor- mit klassischer A-capella-Musik und begeisterte die Hörer. Am Morgen desselben Tages hatte der Chor bei einem von der Presse angezeigten Festgottesdienst in der Eglise des Etrangers mitgewirkt. „Le Matin“ und „Petit Parisien“ brachten Bilder und Berichte.

Im Juni 1937 wurde die Weltausstellung eröffnet. Vor dem Trocadéro standen sich die monströsen Pavillons der Sowjetunion und Deutschlands gegenüber. Stock, der an der Eröffnung des deutschen Pavillons teilnahm, wirkte übri-

gens an einer „Demonstration“ mit, die in Paris nicht unbeachtet blieb. Die Kuppelkirche des Päpstlichen Pavillons vereinigte um den freistehenden Hauptaltar einen Kranz von zwölf Kapellen. Jede vertrat ein Land. Stock sorgte dafür, daß die Aachener Professoren Hans Schwippert und Anton Wendling die künstlerische Ausgestaltung der deutschen Kapelle übernehmen konnten. Auf einer hellen Putzwand stand das riesige Mosaik des Erzengels Michael; im Fenster über dem Kapellenaltar leuchtete die markante Inschrift: „Heiliger Michael, beschirme uns im Kampfe!“ Am 5. September 1937 las Stock dort in Gegenwart von Welczecks und seiner Frau, des „Reichskommissars“ im „Deutschen Haus“ Dr. Ruppel und vieler Gäste die erste heilige Messe. In seiner Predigt betonte er, Deutsche und Franzosen hätten die Verehrung des heiligen Michaels als ihres Patrons gemeinsam: „Sollte uns dieser Altar nicht helfen können, die Brücke zu finden hin- und herüber? Sollte es... nicht möglich sein, daß unter dem Bild des heiligen Michael, unter dem soviel gestritten und gekämpft worden ist, des Schutzpatrons Deutschlands und Frankreichs, die Herzen sich finden zu gegenseitiger Achtung und Verständigung? Heiliger Michael, hilf uns im Kampfe! Wir sind bereit.“
Unter dem Eindruck der Weltausstellung folgten Monate eines geradezu demonstrativen Miteinanders französischer und deutscher Repräsentanten von Kirche und Staat. Am 23. September 1937 hielt der Bischof von Würzburg, Ehrenfried, als erster deutscher Bischof vor den Mitgliedern des internationalen Priesterverbandes ein feierliches Pontifikalamt in Sacré-Cœur; drei Tage später zelebrierte er in der Eglise des Etrangers eine Messe. Zur Hundertjahrfeier der deutschen Gemeinde, für die Stock mit einem gut besuchten Konzert des Frankfurter A-capella-Chores zu werben wußte, erschienen neben dem deutschen Botschafter auch Erzbischof Gröber und Weihbischof Stockums. Die Kirche Notre Dame des Victoires war bis auf den letz-

ten Platz besetzt. Das Amt hielt Msgr. Chaptal. Die Predigt des Pfarrers von Notre Dame des Victoires, des Domherrn Jourdain, schloß mit den Worten: „Beten wir, daß die Völker sich verstehen und den Weg... zum innerlichen Leben wiederfinden, zur Gerechtigkeit und zum Frieden." Die weltliche Feier fand im Saal der Maison de la Chimie statt. Kardinal Verdier war anwesend. Botschafter von Welczeck sagte: „Rektor Stock hat es verstanden, nicht nur herzliche Beziehungen zu den geistlichen und weltlichen Autoritäten des Gastlandes herzustellen, sondern auch die deutsche katholische Gemeinde in Paris mit den wissenschaftlichen, literarischen und künstlerischen Kräften Frankreichs in Verbindung zu bringen. Die große Zahl der Teilnehmer aus diesen Kreisen ist dafür der beste Beweis." Von Welczeck beendete seine Ansprache mit dem Wunsch, die Musik möge den Anwesenden zum Bewußtsein bringen, „daß wir alle, Deutsche und Franzosen, so fest wir auch auf dem Boden unserer eigenen Überlieferungen und Anschauungen stehen, Glieder *einer* großen Kulturgemeinde sind".

Stock konnte mit seiner Arbeit zufrieden sein. Trotzdem sollte sich der Himmel bald wieder verdüstern. Ein Brief seines evangelischen Kollegen in der Hauptstadt, Pastor Dahlgrün, der das „irenische Zusammenstehen beider Gemeinden für das gemeinsame christliche Ziel" dankbar vermerkt, enthält den Wunsch, „der Beistand des Heiligen Geistes" möge Stock und seine Gemeinde „in dem neuen Abschnitt der Arbeit stärken, der wahrscheinlich schwerer werden wird als jeder Abschnitt zuvor". Dahlgrüns Ahnung sollte sich buchstäblich erfüllen. „Wir wollen dazu beitragen", schreibt Stock in einem Brief von Februar 1938 an den Botschafter, „daß die Beziehungen zu unseren Gastlande sich immer freundlicher gestalten, zum Wohl unseres teuren Vaterlandes und im Hinblick auf die Erhaltung des Friedens. Und ich darf Ihnen versichern, Exzellenz, daß meine persönlichen Bekanntschaften innerhalb der geistigen katholischen Elite Frankreichs diesem Ziele dienen und wertvolle Ausgangspunkte sind für ein besseres gegenseitiges Verstehen, und ich bin mir der Tragweite solcher Bemühungen vollauf bewußt. Ich freue mich, Pionier und Träger deutscher Kultur sein zu können." War auf die im Brief erwähnten Bekanntschaften schon der Schatten des Argwohns gefallen? Die politische Entwicklung brachte es mit sich, daß eine Reihe französischer Freunde von Stock abrückte. Stock spürte, daß er künftig vielleicht allein stehen werde.

Was Stock wie immer Sorge bereitete, war die Finanzierung der vielfältigen Aufgaben seiner Gemeinde; wiederholt half ihm der Botschafter.

Der Gemeindealltag nahm Stock auch weiterhin in Anspruch, doch es blieb Zeit für andere Dinge. Stocks fotografische Erinnerungen belegen eine Vielfalt von Wanderungen und Reisen in Frankreich. Er war ständig bemüht, seinen deutschen Freunden die französische Welt aufzuschließen. Fotos, Gemälde, Kohle- und Federzeichnungen lassen erkennen, wie sehr er sich in Kontur und Farbe seines Gastlandes eingelebt hatte.

Dem aufmerksamen Betrachter seiner Bilder begegnet ein Mensch, der sich viel, mitunter zuviel zumutet. Seine Gemälde der atlantiknahen, ursprünglichsten französischen Landschaft (der Bretagne) machen deutlich, daß in ihm ein reich begabter Maler steckte; um so mehr vermißt man die Ausbildung seiner Fähigkeiten. Wiederholt führte Stock seine Gäste nach Barbizon, dem Malerstädtchen Millets und Corots; unter seinen Fotografien finden sich auch die Bilder der Gräber Theo und Vincent van Goghs in Anvers. Mehrmals suchte Stock das Atelier Maurice Denis' auf. Seine freie Zeit widmete er dem Pariser Louvre. Stocks 1943 erschienenes Buch „Die Bretagne – ein Erlebnis", das sich aus einer Fülle von Einzelbeobachtungen ihrer Landschaft und Geschichte zusammensetzt, enthält Reproduktionen seiner Gemälde und Zeichnungen. Hafenstädte,

Windmühlen, Boote auf dem Wasser, Steingräber, Calvaires und Bauernhöfe... Melancholische Themen verfallener Kais und einsamer Segel auf dem Wasser, Genrestücke bretonischer Trachten gelangen Franz Stock am besten. Alle Zeichnungen bestimmt eine zarte Sensibilität. Freilich, Stock war kein Maler... Er war der Seelsorger der deutschen Katholiken in Paris. Bald machte ihm wieder das politische Klima zu schaffen. Die Besuche der französischen Fremdenpolizei im Mädchenheim häuften sich, ebenso die Anfragen der Konsulatsabteilung der deutschen Botschaft nach politisch vorbestraften Emigranten aus Deutschland und Österreich.
Wenige Tage vor der Unterzeichnung der „deutsch-französischen Freundschaftserklärung" am 6. Dezember 1938 im Salon d' Horloge des Quai d' Orsay wurde der deutsche Attaché Ernst Eduard vom Rath das Opfer eines politisch geradezu verhängnisvollen Attentats. Der Jude H. Grynspan erschoß den ihm persönlich unbekannten vom Rath im Botschaftsgebäude, wo er vertretungsweise die Besucherlisten führte. Auch in der Stockschen Korrespondenz mit der deutschen Botschaft begegnet vom Raths Name. Äußerungen Stocks gegenüber deutschen Besuchern in der Rue Lhomond zeigen, wie betroffen er von diesem Vorgang war. Er gab düstere Prognosen und sollte recht behalten. Die nationalsozialistische Partei nahm den Mord zum Vorwand für ein empörendes Judenpogrom in Deutschland, das – zusammen mit der Annektionspolitik Hitlers in der Tschechoslowakei – der internationalen Politik eine deutliche Wendung gab. Deutschland wurde als ehrlicher Partner abgeschrieben. Immerhin kam es zur von Bonnet und Ribbentrop unterzeichneten Freundschaftserklärung. Zum abschließenden Abendempfang in der Pariser deutschen Botschaft, an dem viele Franzosen teilnahmen, war auch Stock geladen. Er kam, und als er nach einem Gespräch mit Frau von Ribbentrop dem deutschen Außenminister vorgestellt wurde, behandelte Ribbentrop ihn

sichtlich kühl. Die Frau des Außenministers hatte Stock nach der Zahl der Deutschen gefragt, die er in seiner Gemeinde zu betreuen habe, und da Stock unbedacht auch die Emigranten einschloß, lautete die Antwort: „Soviel sind aber bei der deutschen Botschaft nicht registriert." Stock konnte sich nur durch eine Notlüge retten: „Ich denke an die vielen Elsässer, die sich aber bei der deutschen Botschaft nicht melden dürfen." Und er fügte hinzu: „Ich betrachte es als eine meiner Aufgaben, bei den Menschen aus dem Elsaß das Deutschtum zu pflegen, da sonst die Möglichkeit dazu fehlt."

Die Gedächtnisfeier der deutschen Kriegstoten am 12. März 1939 in Ivry bekam durch die Teilnahme Prinz August Wilhelms von Preußen und dreier deutscher Militärattachés einen merkwürdigen Akzent. „Paris Soir" veröffentlichte nicht das Bild des neben von Welczeck stehenden Zivilisten, sondern das des uniformierten SA-Obergruppenführers. „Le Jour" notierte mit großer Genauigkeit die Inschrift seines hakenkreuzgeschmückten Kranzes: „Zum Heldengedenktag unseren Toten". Dahlgrün und Stock sprachen. Stock, der zu Beginn seiner kurzen Ansprache sichtlich Konzessionen an seine militärischen Zuhörer machte – „Sie brachten den Tribut des Lebens für Volk und Heimaterde, um den Schritt der Gegner zu hemmen, damit deutsches Heim und deutscher Herd gerettet sei vor dem zerstampfenden Schritt kriegerischer Legionen" –, fand im folgenden zu theologischen Bildern zurück. Wieder beschwor er den Erzengel Michael: „Vater, durch deinen heiligen Boten mach uns stark zu einem tapferen Sterben und zum glorreichen Leben in der Ewigkeit."

Schon stand der Krieg vor der Tür. Ein Brief Stocks an Caritas-Direktor Auer schildert den Zusammenbruch der Seelsorge und die nächtliche Abreise der Heimbewohner nach Deutschland: „Nachdem wir gerade am 25. August wieder neue Hoffnungen hatten und uns ruhig schlafen legten, kam einhalbein Uhr nachts von der Botschaft telefonisch Nachricht und Anweisung, daß alle Belegschaft des Heims sofort sich reisefertig mache und den ersten Zug benutze. Es wohnten im Heim 18 Personen. In aller Eile wurden die nötigsten Sachen zusammengepackt und um ½ 4 Uhr versammelten wir uns in unserer Kapelle zum letzten heiligen Meßopfer und zum Abschiednehmen. Wir beteten gemeinsam das Reisegebet und befahlen uns in Gottes Hut... Gegen sechs Uhr morgens standen fast alle schon an der Gare du Nord. Ich selbst verließ als letzter das Haus. Da spürte man plötzlich, daß man zum Leben nicht viel braucht, und daß man sich schnell trennen kann von all dem Liebgewordenen und in jugendlicher Begeisterung Aufgerichteten."

Fünf Jahre Seelsorgstätigkeit schienen vergeblich gewesen zu sein. Zum zweitenmal innerhalb von fünfundzwanzig Jahren war das Werk der deutschen katholischen Mission in Paris zerschlagen. An eine „Wiederaufnahme der seelsorglichen Arbeit unter den Deutschen in Paris und im übrigen Frankreich" war „auf lange Zeit nicht zu denken". Die Entwicklung der politischen Lage blieb unübersichtlich; Stocks Gedanken hingen dem nach, was er zurückgelassen hatte und was er nur im ersten Augenblick zu verschmerzen glaubte: den französischen und deutschen Freunden, den beiden Häusern, ihrem Inventar, den Büchern und dem gesammelten Material zu einer „Geschichte der Deutschen in Frankreich". Anfangs war Stock vollauf damit beschäftigt, in Berlin die zurückgelassenen Vermögenswerte anzumelden sowie die Sicherung des Besitzes durch die Pariser schwedische Vertretung und die Berliner Nuntiatur voranzutreiben. Bald nach seiner Ankunft stellte er sich dem Paderborner Ordinariat zur Verfügung und half in der Neheimer Seelsorge aus. Am 29. November 1939 übernahm er eine Stelle als Pfarrverweser in Dortmund-Bodelschwingh.

Doch der Gedanke an Frankreich verließ ihn nicht. Er korrespondierte mit mehreren Bibliotheken, ließ sich ein

Vorlesungsverzeichnis und eine Promotionsordnung der Universität Halle schicken und bemühte sich um einen Verleger für sein Werk „Die deutschen Buchdrucker in Paris". Es erschien im Herbst 1940 in Freiburg.
Traurige Briefe seiner früheren Gemeindemitglieder erreichten ihn. Wer nicht in Frankreich interniert war, suchte teilweise neue Berufe zu finden. Schon 1939 trug sich Stock mit dem Gedanken, künftig in Deutschland französische Kriegsgefangene zu betreuen. Er schrieb an seine Freunde bei der deutschen Caritaszentrale in Freiburg: „Es würde mir eine große Freude machen, im gegebenen Falle in der kirchlichen Seelsorge und Fürsorge für Kriegsgefangene mitzuarbeiten, und ich glaube, daß ich auf Grund meiner Sprachenkenntnisse und Kenntnisse der Mentalität vieles im Dienste Gottes dort wirken kann. Gerne bin ich bereit, falls Sie mich brauchen." Am 18. Dezember 1939 antwortete Kuno Joerger: „Wie es inzwischen mit der geplanten Mitwirkung in der Kriegsgefangenenseelsorge werden wird, läßt sich bis jetzt noch nicht näher übersehen. Die Zahl französisch sprechender Kriegsgefangener scheint bis jetzt noch nicht so groß zu sein, daß hierfür durch den Feldbischof ein besonderer katholischer Seelsorger angestellt werden könnte. Natürlich könnte hierin einmal sehr rasch ein Wandel eintreten."
Am 20. Januar 1940 übernahm Stock auf Weisung des Erzbischöflichen Generalvikariats Paderborn in Klein-Wanzleben bei Magdeburg die Vertretung des erkrankten Pfarrvikars. Sein Aufenthalt in dieser trostlosen „Zuckerrübengegend" muß Stock wie ein Exil vorgekommen sein. Das geben die Antworten seiner Bekannten auf seine eigenen Briefe zu erkennen. Wie sein Freund Rudolf Dietrich bestätigt, geriet er in eine Krise, die ihn mit aller Gewalt von Klein-Wanzleben wegstreben ließ. Ein Brief Stocks an Weihbischof Baumann vom 26. 2. 1940 enthält den Satz: „Mein Wunsch geht nicht dahin, in der Diaspora und dazu noch in einem kleinen Dorf zu bleiben." Damals erhielt

Stock den Brief eines Paderborner Theologen: „...Es ist sicher nicht leicht, die Weltstadt Paris und ihre hohe geistige Kultur mit der Einöde zu vertauschen. Aber es gehört zur priesterlichen Berufung. Und wenn Claudel in ‚Die Messe' zum Offertorium den Satz schreibt: ‚Es gibt einen Mann, der von Berufs wegen außerhalb von allem steht, und dessen Heimat ist, kein Daheim zu haben', dann hat er nicht nur die Schwere seines Lebens, sondern auch die des priesterlichen Lebens klar gezeichnet. Dieses soll uns jedoch nicht daran hindern, unseren Weg weiter geradeaus zu gehen. Wir wissen, daß wir gerufen wurden, und Menschen, die gerufen wurden, gehören nicht mehr sich selbst, sondern sind bezogen auf ein Du, dem sie sich zu verantworten haben."

Etwa zur gleichen Zeit bot ihm Rudolf Dietrich seine Unterstützung an; er wolle dafür sorgen, daß Stock seine besonderen Talente in den Dienst der Paderborner Caritas stellen könne. Hier bot sich eine Alternative an, und Stock schien zu spüren, daß sie seinem bisherigen Weg eine andere Richtung geben könne. Doch er winkte ab. Dem Rat der Freiburger Caritas-Zentrale folgend, wollte er „sich nicht festlegen". Er überdachte von neuem die Möglichkeiten der Kriegsgefangenenseelsorge, zugleich hielt er Ausschau nach einer der Pariser verwandten Seelsorgsstelle im Ausland. Vorübergehend tauchten Venedig, Budapest und Istanbul als Möglichkeiten auf. Aber nichts konkretisierte sich.

Im März 1940 machte der Kölner Kardinal Stock das Angebot, das vakant gewordene Seelsorgsamt der deutschen Katholiken in Amsterdam zu übernehmen. Noch wußte man nicht, „wie sich die Ereignisse im nordwestlichen Raum... entwickelten" und ob die „offiziellen deutschen Stellen gerade jetzt eine Besetzung gutheißen" würden. Trotzdem sagte er schließlich mit der Begründung zu, daß er „von dort aus leichter die Verbindung nach Paris... unterhalten und vielleicht manches retten" könne, „was sonst verlorenginge". Das Paderborner Ordinariat beurlaubte ihn, und am 6. Mai 1940 verließ er Klein-Wanzleben. Doch Stock hatte die holländische Grenze noch nicht erreicht, als der Angriff im Westen begann und die deutschen Streitkräfte in Holland einfielen. Wiederum war er ohne Aufgabe.

Es dauerte jedoch nicht lange, und der unerwartet schnelle Vormarsch im Westen samt dem Fall von Paris bot ihm die Möglichkeit, an seine alte Wirkungsstätte zurückzukehren. Ob Stock seine Rückkehr nach Paris im Oktober 1940 ausschließlich der Vermittlung des Heeresbischofs J. Rarkowski zu verdanken hatte, läßt sich nicht mehr ausmachen. Seine Schwester und seine Sekretärin folgten ihm. Die Häuser und ihr Inventar waren unversehrt geblieben.

VI. „Embrassez ma famille!"

Stock kehrte dahin zurück, wo er fünf Jahre Seelsorger gewesen war und sich zu Hause fühlte – nach Paris. Paris war jedoch nicht mehr die gleiche Stadt wie vor dem Krieg. Das äußere Stadtbild hatte sich zwar nicht verändert. Stock passierte dieselben Straßen, fuhr mit der gleichen Metro. Der Louvre, die Bibliothèque Nationale und das Cirque Medrano sahen wie früher seinen Besuch.

Auch die Nachbarn in der Rue Lhomond hatten die gleichen Gesichter. Trotz alledem war etwas anders geworden. Auf dem Arc de Triomphe wehte die Hakenkreuzflagge, und die Marschtritte deutscher Soldaten klopften auf dem Pflaster. Frankreich war militärisch geschlagen. In der Rue de Rivoli 228 (Hotel Meurice) wohnte der Stadtkommandant von Groß-Paris, in der Avenue Foch hatte sich der Sicherheitsdienst der SS niedergelassen. Der Militärbefehlshaber wohnte im „Majestic". Was in Paris von Bedeutung war, wurde von ihnen bestimmt.

Am Boulevard Bonne Nouvelle, in der Nr. 21 Champs

Elysées, auf dem Boulevard St. Michel 58, der Avenue de la Motte-Piquet 42, an der Place Clichy: Soldatenheime, Soldatenkinos, Soldatencáfes, Soldatentheater, Soldatenkaufhäuser, Frontbuchhandlungen. Wohin in Paris? „Der deutsche Wegleiter“ gab Auskunft. Ins Paradis, nach Femina, Ciros, ins Eve, nach Monico, Nox oder Gipsys? In ein Speisehaus der Kategorie A, B oder C... In die Oper oder die Comédie-Française, ins Odéon? Le Misanthrope, Le médecin volant, La Cagnolle oder Rheingold? „Wo finde ich in Paris“: Damenhüte, Damenmode, Fotografen, Gemälde, Geschenke, Grammophone, Halstücher, Herrenhemden, Juweliere, Kindersachen, Kognak, Kupferstiche...? Der „deutsche Wegleiter“ gab Auskunft. Bei ernsteren Fragen blieb er sie leider schuldig.

„Schon im Herbst 1940 sah er (Stock) ganz klar: Die Hakenkreuzfahnen würden eines nahen oder fernen Tages vom Arc de Triomphe, am Etoile und am Quai d'Orsay wieder herabgeholt. Unterhaltungen, die wir damals in seiner Stube führten, wären nicht für die Ohren der Gestapo bestimmt gewesen.“ Heinrich Höfler berichtet diese Sätze von seinen ersten Pariser Besuchen bei Stock. Doch Stock war kein Widerstandskämpfer. Es widerstrebte ihm, illegal zu handeln, und er hatte einen unreflektierten Respekt vor militärischen Fakten. Frankreich war besiegt; doch auch an seiner Frankreichliebe hatte sich nichts geändert. Er liebte die französische Sprache, die Kunst des Landes, er besaß französische wie deutsche Freunde. So stand Stock von Anfang an „dazwischen“ – grübelnd und mit geteiltem Herzen. Mußte seine Rückkehr unter dem neuen Aspekt nicht Mißverständnisse hervorrufen? Mußte ihn die französische Seite nicht als Repräsentanten der „Boches“ ansehen, und wenn sich die Mehrheit, wohl oder übel „kollaborierend“, dem Gewicht der Tatsachen beugte, mußten ihn nicht die klugen und hochgemuten Köpfe verachten? Gewiß – Stock war in dieser Stadt einer von unzähligen Deutschen. Immerhin gab es zwischen ihm und ihnen einen bemerkenswerten Unterschied. Seine Gemeinde in der Rue Lhomond bestand jetzt aus Uniformierten: Offizieren, Soldaten, Nachrichtenhelferinnen und Krankenschwestern. Er allein trug keine Uniform. Man erkannte ihn an der Soutanelle und an seinem weißen Kragen. Er war Standortpfarrer (vom Kommandanten von Groß-Paris wurde Stock freilich erst am 10. Juni 1941 in seinem Amt bestätigt) und besaß den militärischen Rang eines Majors; doch als ihm seine Mitbrüder, die deutschen Militärpfarrer, nahelegten, Uniform zu tragen, gab er nach anfänglichen Zögern (Höfler) die unmißverständliche Antwort: „Das kommt für mich nicht in Frage... Was sollten wohl meine französischen Mitbrüder von mir denken.“ Aber kam es noch darauf an, was man von seiner Uniform dachte? Es gab entscheidendere Dinge.

Wenn er nicht nur seine eigenen Landsleute, sondern auch Frankreich im Auge hatte, warum kam er überhaupt in ein besiegtes Frankreich zurück? Bis auf den Tag erzeugen militärische Eroberungen Haßgefühle, und Haßgefühle machen die Verständigung zunichte. Wenn Stock zudem ahnte, daß „die Hakenkreuzflagge eines Tages vom Arc de Triomphe heruntergeholt würde“, welche Hoffnungen blieben ihm dann noch? Wie sehr ihm an einer politischen Zusammenarbeit zwischen Deutschland und Frankreich lag, beweist ein Brief aus den ersten Kriegsmonaten (23. Oktober 1939), in dem es unter anderem heißt: „Ich las das letzte Buch von Sieburg ‚Blick durchs Fenster‘, womit er sich von Paris verabschiedet. Auch da ist Sieburg der feine Beobachter und Sprachen-Künstler, und zwar so, daß er in diesem Buch die Zusammenfassung seiner zehnjährigen Tätigkeit in Frankreich gibt. Im Jahr 1939 erschienen, zeigt es uns, wie sehr uns an einer Zusammenarbeit mit dem westlichen Nachbarn gelegen ist. Es hilft mächtig den Boden bereiten, auf dem der Kontakt zustande kommen könnte. Wird es wohl dahin kommen? So frage ich mich öfters in diesen Tagen.“ Der zweite Teil des Briefes spricht von der „Hoffnung einer Beilegung der Konflikte, so lange der Krieg im Westen nicht recht zustande kommt". Nun aber war der Krieg mit Frankreich auch eine militärische Tatsache geworden, und was hatte er mit der endgültigen Etablierung eines politischen Frankreich von Adolf Hitlers Gnaden zu schaffen...

Frankreich hatte seinen Waffenstillstand, es bekam einen deutschen Militärbefehlshaber, eine den Deutschen genehme Regierung und wieder eine deutsche Botschaft – doch noch immer war der Krieg im Gange. Vorerst überwogen die Siege. Waren Stocks düstere Prophetien nicht falsch? Deutschland siegte an allen Fronten... So suchte Stock das Nächste und Notwendige zu tun. Er war Priester, und seine Landsleute in Paris brauchten ihn; er aber konnte Paris nicht entbehren. Stock versuchte, nicht an das Ende zu denken.

Am 24. Februar 1940 noch hatte ihm Reinhold Schneider von Berlin-Charlottenburg aus geschrieben:

„Sehr verehrter Herr Rektor Stock,
oft habe ich seit Kriegsausbruch mit Sorgen und Wünschen an Sie gedacht. Die Weihnachtsmesse des Jahres 38 und Ihre Bücherstube sind mir noch in schöner Erinnerung, und ich kann mir denken, wie schmerzlich es für Sie sein muß, der Stätte Ihres seelsorglichen Wirkens und Ihrer Forschungen fern zu sein. Mögen doch wenigstens Ihre Bücher gut bewahrt werden. Die Hoffnung auf die Wiederherstellung des eigentlichen Europa kann ich noch nicht aufgeben; Europa könnte noch der Sinn dieses Krieges sein, nur ist es ungewiß, ob es den Menschen zur rechten Zeit noch aufgehen wird. Es ist darum ein Trost, daß Sie Ihrer schönen, verbindenden Arbeit treu bleiben und daß Sie gerade in diesem Jahre eine Schrift über das Deutschtum in Paris veröffentlichen werden. Allem Verbindenden müssen wir uns mit ganzer Kraft widmen.

Es ist mir eine große Freude, daß Sie sich mit meinen Arbeiten beschäftigt haben. Daß sich die geistigen Menschen Europas im wesentlichen doch noch vereinigen könnten, und daß dann die große christliche Mission wieder ergriffen werde: dies wäre alles, was man sich für das Erdenschicksal der Völker erträumen könnte.
Ich wünsche allen Segen für Ihre Arbeit und Ihr Ergehen.
Ihr ganz ergebener
Reinhold Schneider“

„Mit ganzer Kraft“ suchte sich Stock „dem Verbindenden zu widmen“. Da waren zuerst die deutschen Soldaten. Noch gab es eine regelmäßige Seelsorge für sie: Gottesdienste und Predigten in der Kapelle der Rue Lhomond, der zurückgegebenen Kirche St. Joseph („des Allemands“) in der Rue Lafayette, in der Madeleine, in Saint-Germain-en-Laye und Notre Dame des Champs. Stocks Tagebuch notiert: „In der Madeleine habe ich das feierliche Levitenamt gelesen. Die Kirche war bis auf den letzten Platz mit Soldaten und Wehrmachtgefolge besetzt. Der neugegründete Kirchenchor sang ‚Christus ist erstanden‘ mehrstimmig, d. Choral, u. Gemeinschaftslieder. Am Schluß ‚Großer Gott wir loben dich‘, zwei Strophen. Helle Begeisterung.“ Jede Woche erteilte Stock in der deutschen Schule Religionsunterricht. Er verlas die Hirtenbriefe des Feldbischofs und predigte – über das Christkönigsfest, die Hoffnung, das Fest Allerheiligen, die Einheit der Kirche, die Erwartung des Reiches Gottes, das Religiöse im Menschen, das Christusbild des heiligen Markus, Christus und das Leid. Er sprach über das Thema: „Was sagt die Welt – gibt es einen Gott?“ und: „Gottesleugner sind unentschuldbar“. Stock suchte nach originellen Wendungen, doch die Sätze verfehlten manchmal ihr Ziel – waren wortreich, ohne klar zu sein. Seine Predigten lebten von Bildern, doch es mangelte ihnen gedankliche Klarheit. Wie den künstlerischen Anstrengungen Stocks haftete auch ihnen etwas „Dilettanti-

sches“ an, und wie überall bei ihm wurde ein demütiger Wille erkennbar, darüber hinauszugelangen.
Stocks Tagebuch hält die Teilnehmerzahlen der Abendgottesdienste in der Rue Lhomond fest: „Guter Besuch. Etwa achtzig Teilnehmer...“ oder: „... etwa neunzig Teilnehmer. Der Zudrang wird immer größer“. Nach den Abendandachten hielt Stock im Gemeindesaal seine Vorträge. Er zeigte eigene Lichtbilder von den Pariser Kirchen. Er sprach über Dante in Paris, den Brief in der Literatur, Reinhard Johannes Sorge, Walter Flex und Rainer Maria Rilke. Er sprach über die deutschen Wallfahrten zum Mont St. Michel, die deutschen Studenten und Gelehrten an der mittelalterlichen Pariser Universität, die Tragik im Leben van Goghs, das Bild Christi in der Kunst, die Liturgie und die christliche Familie. Er veranstaltete Führungen durch das Quartier latin und die Cité; er besuchte mit einer größeren Soldatengruppe die „Heldenfriedhöfe“ im Seinedepartement. Wie vor dem Kriege mit seinen Gemeindemitgliedern, wanderte er jetzt mit Soldaten und Offizieren nach Saint-Germain-en-Laye, Saint-Denis, Petit-Clamart – der einzige Zivilist unter Uniformierten. Er nahm die Klampfe mit, sang; den Soldaten bedeutete es Urlaub und Ablenkung vom Dienst. Gewiß, es gab Soldatenheime, Soldatencafés und – Kinos. Aber das Haus in der Rue Lhomond, in der Pariser „Deutschen Zeitung“ nur gelegentlich, im „Deutschen Wegleiter“ nicht verzeichnet, zog manchen mehr an. Stocks Adresse in Paris war der Tip der Eingeweihten.
Franz Rückert bezeugt: „Ohne die Heimstätte in der Rue Lhomond, ohne diesen deutschen, katholischen Mittelpunkt, wäre unsere Zeit in Paris eben nur eine leidige Soldatenzeit geblieben und vieles, wohl das meiste, was wir an wertvollem geistlichem Gewinn aus unseren Jahren in Paris in unsere jetzigen Tage mitnehmen konnten, wäre ohne das Heim im Quartier latin... uns nicht zuteil geworden.“
Die Soldaten mochten ihn. Angelika Schweiger, die 1943

als Heeresbedienstete in Paris beschäftigt war, berichtet: „Die Atmosphäre seines Hauses, die mit Ruhe, Friede, Freude am besten gekennzeichnet ist, strömte auf alle Anwesenden über. Rektor Stock sagte uns einmal an einem Sonntagnachmittag... er malte gerade, und wir strickten: ‚Geben uns die anderen keinen Frieden, machen wir ihn uns selber‘."

Am 10. Juli 1940 hatte Marschall Pétain sich die Vollmacht für die Bildung einer neuen Regierung geben lassen. Im Laufe der vier Besatzungsjahre wurde sie unter Intrigen und Verschwörungen zu einer Selbstpersiflage des verzweifelten „guten Willens". Der wahre Gesetzgeber dieser Regierung hieß Adolf Hitler; ihr Botschafter war schlichtweg ein Aufpasser in deutschem Auftrag, ihr deutscher diplomatischer Partner Otto Abetz in der französischen Hauptstadt ein gedankenscharfer Illusionist mit unklaren Absichten. Den Bahnen der Legalität folgende Männer und Frauen gaben sich redliche Mühe, in Pétain und seinem (zur Kollaboration bereiten) Regierungschef Laval die französische Repräsentanz der Ordnung und Sicherheit zu sehen. Hohe und höchste Vertreter der katholischen Kirche Frankreichs taten ihr Möglichstes, sie in diesem Gedanken zu bestärken. Und doch enthüllte der Lauf der Dinge einen tragischen Irrtum. Kleine Konzessionen aus Berlin wurden in wachsendem Maße mit Ausbeutung und Unrecht bezahlt.

Acht Tage nach dem Gesetz vom 10. Juli 1940, das der Regierung Pétain die Macht gab, eine neue Verfassung zu erlassen, meldete ein französischer General aus London seinen Widerspruch an. Er hieß Charles de Gaulle, und die wichtigsten Worte seiner Radiobotschaft an die Franzosen lauteten: „Frankreich hat eine Schlacht, jedoch nicht den Krieg verloren... Die Flamme des französischen Widerstandes darf nicht verlöschen und sie wird nicht verlöschen." Noch war der letzte Satz ein Postulat und de Gaulle ein verhältnismäßig einsamer Mann, aber seine Worte

zündeten. Den Worten folgten Taten. Man mochte sie zunächst als hoffnungslose Romantik belächeln; doch schon bald wurde die politische Ehre für französische Menschen jeden Alters zur unabweisbaren Frage: Christen, Juden, Sozialisten, Kommunisten, Liberale, Einzelgänger. Die „Résistance" begann ihren Kampf. Er wurde zu einer Tragödie von Fallen und Aufstehen, und Stock sollte auf seine Weise in sie hineingezogen werden. Am 11. November 1940 marschierte eine große Gruppe von Studenten schweigend, jeder von ihnen eine Angel in der Hand, über die Champs Elysées. Das französische Wort für Angel heißt „gaule"; das war eine deutliche Anspielung auf den General in London und auf sein Programm des Widerstandes. Die Passanten verstanden, was gemeint war, und gaben händeklatschend ihre Zustimmung zu erkennen. Der deutschlandfreundlichste Journalist Fabre-Luce höhnte: „Sie tun schrecklich tapfer, hoffen aber im stillen, daß die Deutschen die Anspielung nicht merken." Nun – die Deutschen merkten die Anspielung und nahmen sie ernster als Fabre-Luce. Eine große Zahl von Studenten verschwand in Pariser Gefängnissen. Von da an füllten sich die Gefängnisse täglich mehr. Der regionale Aufbau des französischen Widerstandes begann. Hatte Stock noch in der Heimat daran gedacht, Seelsorger der französischen Kriegsgefangenen zu werden, so ergab sich hier eine neue Möglichkeit, gegenüber den Männern des Widerstandes „das Verbindende" zu leben. Stock bot sich an, den politischen Häftlingen als Seelsorger beizustehen. Anfang 1941 begann er seine Tätigkeit im Untersuchungsgefängnis La Santé. Es ist ziemlich sicher, daß seine politischen Sympathien nicht dem französischen Widerstand galten. Er wollte ganz einfach priesterlich und menschlich handeln.
Seine Hilfe wurde dringend gebraucht. Kein französischer Priester hatte zu den Gefangenen Zutritt. Stock konnte tun, was sein Amt von ihm forderte. Er tat darüber hinaus, was die Liebe ihm eingab. Domherr Rodhain, Leiter des

französischen Secours catholique (dem Gegenstück der deutschen Caritas), berichtet: „In Paris, als wir Franzosen nicht in die Gefängnisse hinein durften, war Abbé Stock dort gewissermaßen unser Gesandter und derjenige der Familien. Von Anfang an erfüllte er diese Aufgabe mit außergewöhnlicher Gewissenhaftigkeit und Delikatesse. Alle, die diesen Mann in den verschiedensten Situationen am Werk sahen, werden ihn nie vergessen." Bis zum 4. Juli 1942 teilte sich Stock die Arbeit mit Kriegspfarrer Loevenich. Dann war er allein; denn Loevenich wurde, wie sich später herausstellte, „wegen zu großer Freundlichkeit gegenüber den Gefangenen" strafversetzt. Nur sehr selten konnte Stock sich vertreten lassen: Zeitweise unterstützten ihn Oberkriegspfarrer Hofer und Kriegspfarrer Steinert.

Vier große Gefängnisse in Paris nahmen politische Häftlinge auf: Fresnes, Cherche-Midi, La Santé und La Pitié. Sie füllten sich mit Häftlingen: Verurteilten, Verdächtigten, Unschuldigen – Männern und Frauen aller Altersgruppen. Allein Fresnes besaß 1 500 Zellen. Wie der damalige Kriegspfarrer Theodor Loevenich berichtet, waren die Zellen durchschnittlich mit fünf bis sechs Menschen belegt. Natürlich gab es auch Einzelzellen. Sie waren meist jenen vorbehalten, die vor größeren Verhören standen. Weil es an Pritschen fehlte, lagen viele Häftlinge Sommer wie Winter auf dem Boden. Im Winter gab es keine Heizung; man mußte mit zwei Decken auskommen. Das Essen war schlecht. Einige Zellen waren nach Mitteilung von Pfarrer Loevenich so stark besetzt, daß die Türnächsten beim Öffnen der Tür herausfielen. Loevenich berichtet: „In jedem der Gefängnisse befanden sich Tausende. Die Betreuung war vielfacher Art. Manche Gefangene waren auf der Stelle verhaftet worden, ohne auch nur etwas mitnehmen zu können, sei es auch nur ein Stück Seife. So half man mit Wäsche, warmer Kleidung, Waschzeug, bei den Frauen außerdem mit Schminke und Puder– das hatte die Gefängnisleitung zugestanden –, mit Gebetbüchern und Bibeln, Zigaretten und Brot. Das Geld dafür entstammte Kollekten bei Wehrmachtgottesdiensten und Sonderfonds. In diese Tätigkeit teilten sich Abbé Stock und ich. Wir waren Tag und Nacht in den überfüllten Gefängnissen. Sehr oft besuchten wir an einem Tag fünfzig Zellen. Die Häftlinge standen dauernd unter Druck. Wenn wir in die Zellen kamen, freuten sie sich."

Steine, Mauern, Stäbe, klirrende Schlüssel, Hunger und Verhöre. In diese Welt trat Stock ein, um französischen Menschen, isoliert von ihren Familien, religiösen Beistand zu leisten und ihnen – „ohne etwas Ehrenrühriges zu tun" (Höfler) – nach Kräften zu helfen. Den Häftlingen fehlte nicht allein die Freiheit. Sie hatten nicht allein ein ungewisses Schicksal vor sich. Die meisten waren ohne Nachricht von ihren Angehörigen. Graf Robert d'Harcourt schreibt: „Die Väter, Mütter, Gatten, die ihre Angehörigen in Todesgefahr wußten, lernten das Drama der Nacht kennen. Sie befanden sich vor einer Mauer. Die Gegenseite übte die Grausamkeit des Schweigens. Sie verstand es, undurchdringlich zu bleiben." Viele der verhafteten Männer wußten, daß ihre Ehefrauen in einer anderen Abteilung des gleichen Gefängnisses saßen, und doch hatten sie keine Möglichkeit, sie zu sehen. Alle Häftlinge waren der Großmut oder Bosheit, den Schikanen oder der Anständigkeit ihrer Bewacher überlassen. Wie Pfarrer Loevenich mitteilt, gab es auch unter den Bewachern „etliche Scheusale". Auf den Gängen Lärm, Fluchen, Befehlsgeschrei. In vielen Zellen Müdigkeit, Haß, Resignation, Hunger. Da kratzte einer von Tausenden mit einem Nagel diese Worte in die Wand: „Zwei Monate lang in Fesseln. Im Schweigen suche ich Vergessen. Im Schweigen suche ich den Tod." Ein anderer notierte mit einem Bleistiftrest: „Verhör, geschlagen. Am Abend alle Viertelstunden mit dem Ochsenziemer geschlagen. Die ganze Nacht Licht." Die Gänge schienen endlos. Hinter Hunderten von Türen neue Ge-

sichter und neue Schicksale. Erbitterung oder Erwartung, Argwohn oder Hoffnung...
Fast immer war das Mißtrauen stark. Zum Vorurteil gegenüber dem Priester trat bei vielen Häftlingen noch der Vorbehalt gegen den Deutschen. Gewiß, Stock sprach ausgezeichnet französisch. Aber es gab nur wenige, die in dem blonden Mann mit der schwarzen Soutane nicht den typisch deutschen Patrioten zu wittern meinten. Stocks späterer Freund Edmond Michelet bezeugt: „Er war ein echter Deutscher... Er sah sogar aus wie ein Patriot, und am Anfang hat er mich fast enttäuscht. Aber er war noch mehr – ein katholischer Priester."
Denn daß Stock nicht als Repräsentant der Besatzungsmacht, sondern als Repräsentant der Kirche erscheinen wollte, blieb nicht verborgen. Seine Soutane mit der Rotkreuzbinde war ein Bekenntnis, und viele Häftlinge begriffen allmählich, was Stock damit sagen wollte. Jean de Pange, Häftling der zweiten Abteilung von La Santé, veröffentlichte in seinem Buch „Mes Prisons" seine Notizen aus der Haftzeit. Dort liest man: „Donnerstag 5. Juni 1941. Um 9 Uhr holt mich mein Unteroffizier zur Messe. Ich erblicke aber nicht, wie erwartet, den an seiner Rotkreuzbinde erkennbaren Abbé Stock, sondern einen Offizier mit Tellermütze, der auf uns wartet. Einige Zeit darauf kommt er in der Kasel zurück, unter der seine Offiziershosen hervorschauen. Ihm gegenüber bin ich viel gezwungener als Stock gegenüber, der keine Uniform trägt." Die Augen eines Häftlings sind geschärft, sie notieren exakt, wenn sie etwas zu sehen glauben, was nicht zueinander paßt: „Der Priester in Uniform liest die Messe. Seine Stiefel schauen unter der Soutane hervor." Die Stiefel.
An anderer Stelle heißt es: „Wer das Leben als Gefangener kennengelernt hat, wird niemals den ersten Besuch des Gefängnisgeistlichen vergessen. Den ganzen Tag hat er den Lärm hinter der Zellentüre gehört... Da öffnet sich die Türe. Wieder eine schlechte Nachricht? Doch nein, der

Mann, der eintritt, hat eine Soutane an. Er trägt die Rotkreuzbinde und hat ein wohlwollendes Aussehen." Tatsächlich: Stock mit seiner leisen Stimme, mühsam Autorität wahrend, sensibel – einen wohltuenderen Kontrast zur feldgrauen Welt der Gefängnisse konnte es nicht geben.
J. Berteloot bezeugt: „Ich habe während der deutschen Besatzungszeit schreckliche Stunden in französischen Gefängnissen erlebt. In meiner traurigen Zelle aber habe ich einen Freund gehabt, der mich tröstete und mir den Gedanken Christi und seinen eucharistischen Leib brachte."
Ein anderer Häftling schreibt: „In den sechzehn Monaten meiner Gefangenschaft in Fresnes hat Rektor Stock mich oft besucht und trotz großer Gefahr sich nicht gescheut, mir Nachricht von draußen zu bringen und mir Lebensmittel zu geben, als die Gestapo versuchte, mich durch Aushungern zu Geständnissen zu zwingen." Pfarrer Loevenich unterstreicht, daß Stock ängstlich gewesen sei, mitunter überängstlich. Er habe um keinen Preis etwas tun wollen, was gegen die Weisungen der militärischen Autoritäten verstieß. Um so höher darf man wohl werten, daß er sich binnen kurzem nicht mehr darauf beschränkte, Beichte zu hören, in der Gefängniskapelle die Messe zu lesen, religiöse Bücher zu besorgen und die Kommunion zu spenden. Er schmuggelte familiäre Nachrichten; Grüße, Bitten und Informationen, auf Papierfetzen und Buchdeckel gekritzelt, verschwanden in seiner Soutane und fanden ihren Weg aus dem Gefängnis heraus. Sein weiter Mantel barg Lebensmittel, Familienfotos, Rosenkränze und Briefe. Die Antworten der Angehörigen ließ er die Gefangenen lesen, nahm sie wieder mit und verbrannte sie. Da er sich vom Sicherheitsdienst in der Avenue Foch beobachtet fühlte, suchte er nach Möglichkeit jede Spur zu verwischen.
Wieder ein anderer Häftling, ein Arzt, teilt mit: „Abbé Stock hat mir auf eigene Gefahr Fotos und Nachrichten von meiner Familie gebracht. In längeren Unterhaltungen

drückte er mir seine Bewunderung für Frankreich und seine antinationalsozialistische Gesinnung aus."
Edmond Michelet berichtet: „Als ich gegen Ende des Winters 1942/43 in Fresnes ankam, hatte ich gefragt, ob man mir einen Priester schicken könne, und natürlich hatte ich angenommen, daß ich den Besuch eines Franzosen bekommen würde; aber es war ein deutscher Priester, der kam – Abbé Stock. Er legte Wert darauf, mein Vertrauen zu erringen. Wir sprachen über gemeinsame Freunde wie Joseph Folliet, die mit ihm, einem Deutschen, vor dem Kriege von ganzem Herzen eine Versöhnung zwischen beiden Ländern gewünscht hatten. Ich erinnerte mich eines Besuchs in meiner Zelle. Während der Wächter in der halbgeöffneten Tür stand, sagte Abbé Stock mit leiser Stimme und nur für mich hörbar: ‚Nun lassen Sie uns noch ein Ave Maria sprechen', und wir fingen an, gemeinsam zu beten. Von Zeit zu Zeit unterbrach er die Anrufungen, um mir zuzuflüstern, daß meine Frau ihn besucht habe, daß es ihr gut gehe und den Kindern auch. Diese Nachrichten von meinen Angehörigen waren für mich das Wichtigste, was es auf der Welt gibt. Stock verstand es, seine priesterlichen und die menschlichen Aufgaben miteinander zu verbinden – und das war nicht leicht unter einem Regime, mit dem Franzosen und Deutsche auf ihre Weise fertig werden mußten."
G. Poutiers bezeugt: „Ich wurde in Cherche-Midi eingeliefert. Die unmittelbar darauffolgenden Verhöre dauerten zehn Tage und waren sehr hart. Ich war in einer Zelle in der zweiten Etage. Sehr schnell, nach wenigen Tagen schon, äußerte ich meinen Wunsch, einen Priester zu sehen.
In meine Einsamkeit kam ein deutscher Priester; und ich konnte mich vergewissern, daß er ein guter, ja, wie ich meine, außerordentlicher Mensch war. Künftig verlangte ich nach ihm. Nach einer Periode furchtbarer Verhöre und nachdem meine Nerven nicht mehr so gespannt waren, brachte ich schließlich gegenüber dem deutschen Feldwe-

bel das deutsche Wort ‚Pfarrer' heraus. Das war der Beginn einer näheren Bekanntschaft mit Abbé Franz Stock und einer Freundschaft, die alle Barrieren der Zeitumstände übersprang. Unser erstes Zusammentreffen dauerte etwa eine Viertelstunde: Zwei Menschen kamen in meine Zelle – der eine war ein Gefangener, der andere trug statt der Uniform eine Soutane. Dieser Umstand machte mir Stock auf den ersten Blick sympathisch. Alle zwei oder drei Wochen besuchte mich Stock in meiner Zelle. Ich konnte bei ihm beichten und kommunizieren, und wir führten manches Gespräch miteinander. Auf meine Bitten hin lieh er mir vierzehn Tage lang ein Buch. Das geschah ausdrücklich gegen ein deutsches Verbot, Bücher und Schreibzeug in die Zellen zu bringen. Es war ein wunderbares Buch – die ‚Geschichte der Konversion Huysmans'. Ich las das Buch wieder und wieder, meditierte darüber, und wenn Stock kam, unterhielten wir uns über den Inhalt. Bei einem der folgenden Besuche bat ich um die Kommunion. Während meiner Beichte war ich über gewisse, dem deutschen Gericht unbekannte Tatsachen und die Umstände meiner Verhaftung entsetzlich bedrückt. Es wäre mir unmöglich gewesen, sie zu beichten. Stock war es, der von sich aus dazu äußerte: ‚Sie brauchen mir nichts zu sagen. Denken Sie nur an das, was Sie mir sagen möchten, aber nicht können. Ich bin überzeugt, daß Gott Sie hört und Ihnen Ihre Fehler vergibt.'
Ein anderes Mal besorgte er mir eine deutsche Grammatik und sagte: ‚Ich werde dem Gericht sagen, wenn Sie Deutsch können, würden Sie auch Deutschland besser verstehen und nichts mehr gegen unser Land unternehmen...' Später setzte er hinzu: ‚Das ist eine gute Beschäftigung für Sie.' Vielleicht hat mir die Grammatik das Leben gerettet. Am 13. August 1941 wurde ich zum Tode verurteilt. Die Grammatik half mir, meine Antworten gegenüber den zuerst auf deutsch gestellten Fragen einige Sekunden vor ihrer Übersetzung ins Französische zu überlegen und dann ohne Zö-

gern die Antwort zu geben. Vom Gefängnis Cherche-Midi wurde ich 1942 nach meiner Verurteilung in das Zuchthaus Rheinbach bei Bonn verbracht. Dort brachte ich als Todeskandidat und als ‚Wehrmachtsgeisel' sechs Monate fern der Heimat zu. Es war etwa kurz nach Weihnachten 1942 (laut Stocks Tagebuch am 11. Januar 1943; d. A.), als ich von Stock Besuch bekam. Er wurde von einem Mann begleitet, der damals Zuchthausgeistlicher war. Als wir einen Moment lang allein waren, flüsterte mir Stock blitzschnell zu: ‚Aufpassen! Der deutsche Geistliche ist ein Funktionär der Nationalsozialisten. Sie dürfen ihm um keinen Preis etwas sagen, auch nicht innerhalb der Beichte'."

Roger Bertrand, der zur Widerstandsgruppe des Grafen d'Estiennes d'Orves gehörte, berichtet und gibt als Zeugen für seine Äußerungen seine ehemaligen Mithäftlinge Dohet, Setout, Leprince und Bizien an:

„Ich wurde am 23. Januar 1941 ins Gefängnis Cherche-Midi eingeliefert. Drei oder vier Tage nach meiner Verhaftung während sehr böser Verhöre bekam ich zu meiner Überraschung eines Morgens den Besuch eines Geistlichen, der sich mir als Rektor der deutschen katholischen Gemeinde in Paris vorstellte. Sehr schnell wich mein Mißtrauen; ich begriff, daß Stock vertrauenswürdig war. Er verschaffte mir bei strenger Verschwiegenheit Kontakt mit meiner Frau. Stock besuchte mich damals zweimal die Woche; jedesmal ließ er mich die Briefe meiner Frau lesen und gab mir Papier und Bleistift, damit ich ihr antworten könne. Trotz ausdrücklichen Verbots brachte er mir Bücher. Einige Wochen später, während meines Verfahrens, machte er meine Frau mit Oberkriegspfarrer Hofer bekannt, der gute Verbindungen zu allen Generälen und besonders zu Otto von Stülpnagel unterhielt. Seine Intervention war außerordentlich günstig für mich. Einer von Hofers österreichischen Freunden war bei meiner Verhandlung Beisitzer; sein Eintreten für mich verwandelte das vorgesehene Todesurteil in zehn Jahre Zwangsarbeit. Als ich nach Fresnes kam, versorgte mich Stock auch weiterhin mit Briefen. Nachdem ich von Fresnes nach Siegburg transportiert worden war, besuchte meine Frau regelmäßig Abbé Stock und Aumônier Hofer. Hofer ist auch eine Gnadeneingabe bei General Stülpnagel zu verdanken, die schließlich zur Aufhebung meiner Strafe führte. Ende Dezember 1942 kam ich nach Frankreich zurück."

Comtesse de Pange erinnert sich, daß Stock im Zusammenhang mit den Verhören ihres Mannes am 20. Juli 1941 mit seinem ehemaligen Lehrer vom Institut Catholique, Lebreton, gesprochen habe, um zu klären, ob Graf de Pange eine vom Gericht verlangte Erklärung unterschreiben solle oder nicht. Nicht nur, daß man ihm absolutes Stillschweigen über alle Vorgänge, die mit seiner Haft zusammenhingen, abverlangte; unter Androhung schwerster Strafen sollte er auch seine Verhaftung als gerechtfertigt anerkennen und schriftlich versprechen, nach seiner Entlassung nichts gegen die Besatzungsmacht zu unternehmen. P. Lebreton kam zu dem Ergebnis: „Jean darf nicht unterschreiben." „Stock übermittelte ihm diese Nachricht. Am Telefon benutzten wir gewöhnlich eine Art Code."

Comtesse de Pange teilt weiter mit: „Abbé Huet riet mir schon kurz nach der Einlieferung meines Mannes, Abbé Stock in der Rue Lhomond zu besuchen. Er gab mir seine Adresse. Ich besuchte ihn, der übrigens das Buch meines Mannes über Goethe im Elsaß kannte und ihn in der Bibliothèque Nationale getroffen hatte, und faßte schnell Vertrauen zu ihm. Ich besuchte ihn bald wieder, und er gab mir neue Nachrichten von meinem Mann. So konnte ich eine Bibel und einen Band Goethe beim Gefängnis abgeben. In den folgenden Wochen und Monaten suchte ich Stock alle drei, vier Tage auf, und Stock unternahm, was er konnte, um meinen Mann durch verschiedene Eingaben freizubekommen. Damals kamen meine Briefe nicht an, und meinen Mann zu besuchen war mir untersagt."

Die obengenannten Beispiele zeigen, daß Stock nicht ganz

allein stand. Er wurde überwacht, aber auch gedeckt. Hofer, nach übereinstimmenden Äußerungen überzeugter Gegner des Nationalsozialismus, besaß General Otto von Stülpnagels Vertrauen. Es ist sicher, daß sie oft miteinander über viele Frankreich betreffende militärische und politische Fragen sprachen. Weiter steht zweifellos fest, daß Stock von dem am 15. Juni 1940 ernannten Botschafter Abetz, den er persönlich kannte und der ihn nach Aussagen von Pfarrer Loevenich „zu allen bedeutenden Empfängen der Botschaft einlud", gefördert und beschützt wurde. Viele Äußerungen Abetz' in seinem Buch „Die offene Frage" klingen ziemlich unglaubwürdig, doch in einem Punkt wird man ihm Glauben schenken dürfen: Alles, was der von ihm gewünschten ideologischen und politischen Zusammenarbeit Frankreichs und Deutschlands gefährlich werden konnte, war ihm zuwider. Dazu gehörten Maßnahmen gegen den aktiven Widerstand: Erschießungen zahlloser Verurteilter, mehr aber noch (seit 1941 beginnende) Geiselerschießungen. Im Dezember 1941 will Abetz an das Auswärtige Amt Berlin geschrieben haben: „Wenn die Engländer oder die internationalen Kommunisten feststellen, daß je Attentat automatisch hundert Geiseln erschossen werden, so werden die Attentate nie abreißen, denn es wird dadurch mit einem Minimum von Einsatz, der Entsendung einiger Mörder nach Frankreich oder der Dingung einiger Mörder in Frankreich, ein Maximum von politischem Erfolg – die Versteifung des deutsch-französischen Gegensatzes – auf Generationen hinaus erzielt."
Am 23. Dezember 1940 wohnte Stock zum erstenmal dem Vollzug eines Todesurteils bei, denn mit seiner Gefängnistätigkeit hing eine weit anstrengendere Aufgabe zusammen: „Standortpfarrer im Nebenamt". Stock hatte auch die Todeskandidaten zu betreuen. Der Delinquent war Jacques Bonsergent, ein 28jähriger Ingenieur aus Paris, der Herkunft nach Bretone. Er wurde im Bois de Vincennes erschossen. Stock bereitete ihn vor.

Bis zur ersten Hälfte des Jahres 1941 überwogen die Einzelerschießungen. Schon bald aber – und dann immer häufiger – folgten Gruppenerschießungen. Am 27. August wurden fünf Teilnehmer an einer deutschfeindlichen Versammlung erschossen. Man gab sie, wie auch später gewöhnlich, als „Kommunisten" aus, obwohl sie es nicht alle waren. Das Wort Kommunist sollte die Gemüter beschwichtigen; es diente den Zwecken der politischen Propaganda. Am 29. August 1941 starben drei Männer, deren Unternehmungen den Widerstand in Frankreich eingeleitet hatten. Mit einem Funker kamen sie am 18. Juni 1940 direkt von London herüber; sie wollten einen Nachrichtendienst aufbauen und fielen in der Nacht vom 21. auf den 22. Januar 1941 der deutschen Abwehr in die Hand. Es heißt, daß der Funker Jean Marty ihren Tod verschuldete. Goldgelbe Plakate in Paris hielten wenige Tage nach ihrem Tode die Namen der Erschossenen fest: „Henri Louis Honoré Comte d'Estiennes d'Orves, Handelsvertreter Charles Émile Barlier und Kaufmann Jan Louis Guilleaume Doornik sind wegen Spionage zum Tode verurteilt und heute erschossen worden. Der Militärbefehlshaber in Frankreich." Das Gericht bescheinigte den Verurteilten „große Charakterfestigkeit". Sie hätten „nur aus Liebe zu ihrem Vaterland gehandelt". Die Verurteilten äußerten als letzten Wunsch, die Nacht vor ihrem Tod gemeinsam in der Zelle zu verbringen. Dort schrieb Comte d'Estiennes d'Orves drei Briefe – einen an seine Frau und seine fünf Kinder, einen an seine Schwester und einen an seinen Seelsorger Abbé Franz Stock. Nicht ohne Bewegung liest man unter den Worten an die Kinder folgende Zeilen: „Haßt nicht die, die mich töten, auch nicht, wenn Ihr groß seid." Maurice Barlier schreibt: „Daß ja niemand glaubt, mich rächen zu müssen!" D'Estiennes d'Orves' französischer Brief an Franz Stock lautet:

„Lieber Herr Abbé,
Ich danke Ihnen von ganzem Herren für all das, was Sie für mich getan haben. Am Anfang unserer Bekanntschaft sah ich in Ihnen den Priester, der mir Gott brachte, jene Hilfe, die ich nicht entbehren konnte. Das war zunächst einmal die Hauptsache. Später lernte ich Sie als Menschen schätzen und lieben...
Wollen Sie bitte Abbé Hofer meine achtungsvollen Grüße übermitteln.
Ich bitte Gott, daß er Frankreich und Deutschland einen gerechten Frieden schenken möge, der mein Vaterland in seiner Größe wiederherstellt. Ich bitte auch, daß unsere Regierungen Gott den Platz einräumen möchten, der Ihm zukommt.
Ich empfehle meine Seele Gott, und ein wenig gebe ich sie auch in Ihre Hände, waren Sie doch in letzter Zeit für mich Gottes Stellvertreter.
Ich bitte Sie, meinen Mithäftlingen mein herzliches Gedenken zu überbringen. Ihre Tapferkeit und ihr Vertrauen waren mir eine Stütze.
Empfangen Sie bitte meinen lieben Gruß.
Ihr Estiennes d'Orves"

Stocks Verhältnis zu d'Estiennes d'Orves war sehr innig und persönlich. Er besorgte ihm Péguys Schriften, die Werke Thomas von Aquins und die Confessiones von Augustinus. D'Estiennes d'Orves liebstes Buch war das Gesangbuch seiner Mutter, das Stock ihm verschafft hatte und aus dem er wiederholt die Lieder seiner Kindheit sang. Am Morgen des 29. August las Stock in Doorniks Zelle für die Todeskandidaten die heilige Messe; es war gerade das Fest Johannes des Täufers. Zwei deutsche Soldaten wohnten der Messe bei und kommunizierten zusammen mit den drei Verurteilten. Die drei Todeskandidaten wurden auf dem Mont Valérien oberhalb von Suresnes erschossen. Stock stand ihnen bei. Alle lehnten die Augenbinde ab. Der deutsche Kriegsrichter Keyser vermochte vor innerer Bewegung das Urteil nicht zu verlesen. Stock nahm ihm – wenige Minuten vor der Hinrichtung – die Aufgabe ab. D'Estiennes d'Orves wandte sich an Keyser und sagte: „Monsieur, Sie sind ein deutscher, ich bin ein französischer Offizier. Wir haben beide unsere Pflicht getan. Gestatten Sie mir, Sie zu umarmen." D'Estiennes d'Orves starb freiwillig als letzter. Seine letzten Worte waren: „Ich opfere mein Leben auf für den Frieden der Welt, für die verfolgte Kirche in Deutschland, für meine Frau, meine fünf Kinder und endlich für mein Vaterland. Es lebe Frankreich."

Am 8. September 1941 betreute Stock drei Geiseln; sie wurden für das Attentat an einem deutschen Marineoffizier erschossen. Am 9. September 1941 wurden Stock und Loevenich offiziell in ihrem Amt und den damit verbundenen „Sondermissionen" bestätigt. Die Urkunde ist erhalten. Der für Stock bestimmte Teil lautet: „Betrifft: Katholische Gefängnisseelsorge. Standort-Pfarrer Stock betreut die katholischen Zivilhäftlinge beiderlei Geschlechts in den Wehrmachtsgefängnissen Fresnes und Cherche-Midi. Außer der kirchlichen Betreuung der Häftlinge durch Gottesdienst, Beichte und Kommunion obliegt den beiden Pfarrern auch die Vorbereitung der zum Tode Verurteilten." Und nach einer Weisung zur „Vertretung im Behinderungsfall" heißt es weiter: „Die Aufsichtsbehörden haben den Gefängnispfarrern soweit notwendig Hilfe und Unterstützung zu geben. Die zu Gefängnispfarrern bestimmten Geistlichen sind zu erreichen..." (Es folgen die Anschriften.)

Am 16. September 1941 erklärte Hitler alle von deutschen Militärbehörden festgenommenen Franzosen als Geiseln. Damit konnten sie jederzeit ohne Urteil erschossen werden. So wurden am 20. September 1941 „zur Sühne für einen feigen Mord an einem deutschen Soldaten" in Paris zwölf Geiseln erschossen, unter anderem: „Pitard, Georges, kommunistischer Funktionär. Rolnikas, Michelis, Jude aus Paris, Verbreiter kommunistischer Flugblätter. Nain, Adrien, aus Paris, Hersteller kommunistischer Flugblätter, Anjolvy, René Lucien, aus Paris-Gentilly, Verbreiter kommunistischer Flugblätter." Zum Plakat gehörte eine Bekanntmachung von Stülpnagels: „Ich weise darauf hin, daß beim nächsten derartigen Vorfall eine erheblich größere Zahl von Geiseln erschossen wird." Dieser Hinweis hatte keine Wirkung. „Terror" wurde mit „Gegenmaßnahmen" beantwortet und „Gegenmaßnahmen" mit „Terror" – eine Kette von Schrecken, die niemand unterbrach.

Am 21. Oktober 1941 wurden fünfzig Geiseln hingerichtet. Über die Tage des 14. und 15. Dezember 1941 berichtet der damalige Kriegspfarrer Theodor Loevenich: „So wie Pfarrer Stock ein ausführliches Tagebuch führte, habe ich mir wesentlich kürzere Notizen in meinem Tagebuch gemacht. Und was die Erschießungen betrifft, da steht zum Beispiel unter dem 14. Dezember 1941, einem Sonntag, folgende Notiz: ‚Nach dem Gottesdienst bei Abbé Stock wurde mir durch das Gericht telefonisch durchgegeben: Hundert Geiseln in Cherche-Midi sollen erschossen werden'.

Am späten Nachmittag, es war gegen halb fünf Uhr, gehen wir – Stock und ich – in das Gefängnis Cherche-Midi. Hundert Geiseln sollen erschossen werden! Diese Zahl haben wir noch nicht gehört. In dieser Not wenden wir uns beide an Kardinal Suhard. Mit ihm zusammen – er hatte einen gewissen Einfluß bei deutschen Dienststellen – erreichen wir, daß aus hundert achtzig Erschießungen werden. Der telefonische Deckname für die Erschießungen lautete gewöhnlich: ‚Sportfest'. Etwa so: ‚Morgen früh um vier Uhr Sportfest.' Unter den Geiseln befanden sich achtzehn Juden. Die Wachmannschaft verbot mir, sie zu betreuen. Noch in der Nacht fahre ich persönlich ins Hotel Majestic zu General Otto von Stülpnagel; er sagt mir: ‚Als Christ ist es ihre Pflicht, allen zu helfen'."

Bei den sich häufenden Geiselerschießungen war an eine sorgfältige Vorbereitung der Todeskandidaten nicht zu denken. Immerhin kannten Stock und Loevenich eine Reihe der Opfer von ihren regelmäßigen Gefängnisbesuchen her. Vor dem Transport oder auf dem Exekutionsplatz (meist war es der Mont Valérien, häufig aber auch die Place Balard) kam es allerdings zu relativ kurzen Kontakten. Man spendete denen, die danach verlangten, Absolution und Kommunion. Man versuchte, in aller Eile die Adressen der Geiseln zu notieren; Loevenich berichtet von einem Kistchen, in das er die Ringe der Verlobten und Verheirateten legte. Stock bewahrte sie in kleinen Päckchen auf; einige Male waren Stock und Loevenich fast vierundzwanzig Stunden unterwegs. Der Exekutionsvorgang bedeutete für sie auch eine körperliche Strapaze.
Theodor Loevenich berichtet, Verdiers Nachfolger Kardinal Suhard (Verdier starb 1940) habe wegen seiner politischen Hinneigung zu Pétain bei deutschen Dienststellen großen Einfluß besessen; leider habe der damals „so ängstliche Mann“ diesen Einfluß nicht nachdrücklich genug geltend gemacht. Nach übereinstimmenden Äußerungen von deutscher und französischer Seite fielen General Otto von Stülpnagel Entschlüsse zur Durchführung der Geiselerschießungen schwer. Mehrmals wurde Kriegsoberpfarrer Hofer nachts in das Hotel Majestic gerufen, weil General von Stülpnagel sich mit ihm wegen bevorstehender Geiselerschießungen besprechen wollte. In diesem Punkt bestand also zwischen Stülpnagel und dem Botschafter Abetz Übereinstimmung. Daß die Kriegspfarrer von deutschen Militärbehörden gelegentlich aufgefordert wurden, bei Erschießungen von Juden als Seelsorger zu fungieren, geht aus einer Tagebuchnotiz von Stock hervor: „14. 5. 42... fünf Juden als Sühne für Attentate erschossen. Ich wurde vom Kommandanten von Groß-Paris gebeten, beizustehen.“ Auch der Nachfolger Otto von Stülpnagels, Karl Heinrich von Stülpnagel, scheint Abetz’ Abneigung geteilt zu ha-

ben. (Karl Heinrich von Stülpnagel war vom Februar 1942 bis zum 20. Juli 1944 deutscher Militärbefehlshaber in Frankreich. Er beteiligte sich an der deutschen Widerstandsbewegung und schoß sich nach dem Mißlingen des Attentats auf Hitler am 21. 7. 1944 in der Gegend von Verdun eine Kugel in den Kopf. Hitler hatte ihn vor die Alternative gestellt: Kriegsgericht oder Selbsttötung.

Menschen vieler Nationalitäten, in der Mehrzahl Franzosen, starben in Romainville, Vincennes, Issy, in der Rue de la Santé, in Fresnes, in Cherche-Midi und auf der Place Balard. Damals befanden sich dort die Schießstände des Luftfahrtministeriums. Die meisten Hinrichtungen aber fanden auf der festungsartigen Erhebung oberhalb von Suresnes, dem Mont Valérien, statt. Gewöhnlich geschahen die Erschießungen gegen sechs Uhr dreißig, sieben Uhr und acht Uhr morgens, häufig auch am Spätnachmittag von sechzehn Uhr bis achtzehn Uhr dreißig. Wiederholt berichtet Stock, daß er erst im Dunkeln vom Friedhof nach Hause zurückgekehrt sei. Wie gingen die Erschießungen vor sich? Pfarrer Loevenich teilt mit: „Die Todeskandidaten wurden auf Lastwagen gebracht, die Hände auf dem Rücken gefesselt, bewacht von Soldaten mit Handgranaten und Schnellfeuerwaffen. Besonders im Winter war der Anstieg zur Höhe erbärmlich anzusehen: Manche fielen bei der Glätte hin, wir halfen ihnen auf. Die achtzehn Kilometer lange Fahrt bestand aus kurzen Gebeten, kleinen Handreichungen – die Männer weinten; wir putzten ihnen die Nase, ließen eine Zigarette wandern. Die Männer am Pfahl gaben uns die letzten Grüße für ihre Angehörigen. Dann verließen wir die Pfähle und stellten uns für die Feuilles sichtbar hinter den Gewehren auf. Die Erschießungskommandos bestanden meist aus zwölf Mann, wenn sich die Soldaten wegen der großen Anzahl der Opfer ablösen mußten, aus sechsunddreißig. Fünf Erschießungspfähle standen nebeneinander. Nach jeder Erschießung wurde vom Arzt der Tod festgestellt. In der gleichen

Zeit prüfte der befehlsgebende Offizier die Gewehrläufe; er stellte fest, ob auch jeder Angehörige des Kommandos geschossen hatte und nicht etwa eine Kugel im Lauf geblieben war. Kriegsrichter nahmen fast niemals an den Erschießungen teil." Dreimal werden in Stocks Tagebuch Exekutionszuschauer erwähnt. Am 17. 4. 42 wohnten „höhere Polizeioffiziere, zwei französische Rechtsanwälte und hohe Militärs" der Erschießung sogenannter Terroristen bei. Am 16. 7. 42 sah Stadtkommandant General Schaumburg der Erschießung mehrerer Männer zu, am 6. 8. 43 war es ein Hauptmann, den man angeschossen hatte und der nun der Erschießung des Attentäters beiwohnte.

Theodor Loevenich berichtet weiter: „Mit der Zeit rissen Mißstände ein: Einzelne Soldaten begannen mit Zustimmung ihrer Vorgesetzten statt auf das Herz auf die Köpfe zu zielen. Die Wirkung war entsetzlich. Wir erhoben sofort Protest, und die Ausschreitungen unterblieben. Trotzdem waren die Exekutionskommandos oft sehr rauh. Schließlich banden wir die Verurteilten selber fest und hefteten ihnen weiße Papierscheiben auf die Brust. Die unweit der Pfähle aufgestapelten Särge besaßen alle die gleiche Größe. Es kam vor, daß diensttuende Soldaten bei der Einsargung mit den Füßen nachhalfen, wenn sich der Sarg als zu klein erwies... Die türhohen Erschießungspfähle mußten von Zeit zu Zeit ausgewechselt werden, weil sie in Brusthöhe völlig durchsiebt waren. Anschließend an die Exekutionen hatten wir bei dem Begräbnis auf verstreuten Friedhöfen rings um Paris dabei zu sein. Ich weiß aus eigener Erfahrung, wie sehr Stock unter dieser Misere gelitten hat. Um so schlimmer war es, als ich ihn, am 4. 7. 42 nach Rußland strafversetzt, verlassen mußte. Vom Juli bis August 1944 war Stock mit seiner furchtbaren Tätigkeit fast ganz allein."

Stock sah viele sterben. Zurückhaltend, wie er war, umschrieb er später, wie viele es waren: „Es ist eine vierstellige Zahl und nicht die kleinste." Achthundertdreiundsechzig

Erschießungen im Zeitraum Januar 1942 bis August 1944 werden im Tagebuch Stocks erwähnt. 1940/42 waren es, wie man heute weiß, mehr als tausend. (Neunhundertsechsundvierzig Erschießungen melden die offiziellen Totenregister der Besatzungszeit von Suresnes.) Etwa siebzehnhundert Menschen hat Stock zur Hinrichtung begleitet. Er fing ihre Rufe, und wenn sie keine Binde trugen, ihre Blicke auf. Er sah sie sterben: singend, betend, gefaßt, schweigend, tobend, schreiend, verzweifelt, lächelnd und gelassen. In einer kleinen Kapelle, etwa hundert Meter vom Erschießungsplatz entfernt, warteten die Opfer, bis die Reihe an sie kam. Wen das Kreuz über dem Eingang nicht kalt ließ, dem spendete Franz Stock hier die Sakramente. Nicht wenige Männer legten Ringe, Kreuze, Rosenkränze, Uhren, Halskettchen, Schals und Brillen in seine Hand, damit er sie den Frauen, Bräuten, Kindern und Freunden aushändige. Wiederholt liest man im Tagebuch auch von Aufträgen für die Angehörigen und ähnlichem: „7. 12. 43... – will, daß sein Sohn katholisch getauft werde." An anderer Stelle heißt es: „...wollte, daß seine Frau seinen Sohn im Glauben erziehe... ‚qu'elle élève mon fils dans la foi'." Oder am 18. 11. 1943: „...seine Frau und sein Sohn möchten ein christliches Leben führen, das sei sein letzter Wunsch". An anderer Stelle heißt es: „Grüße an seine Frau, qu'on baptise sa fille."
Am 20. 2. 42 heißt es: „...teilte im letzten Brief an seine Frau seine Konversion mit, wünschte, seine Frau möge so schnell wie möglich das Kind taufen lassen." Wieder an anderer Stelle liest man: „Beide hatten in Deutschland Geld verdient, wollten, das das den Armen zugute komme." Auch diese Mitteilung findet sich: „Gibt die Hälfte seines Erbteils Madame X., deren Mann vier Kinder zurückläßt." Am 7. 3. 44 liest man: „Bittet, daß er die Vormundschaftsrechte auf einen anderen übertragen kann."
Während der Hall der Schüsse aus der niedriger gelegenen Kasematte zu ihnen drang, ritzten die Todeskandidaten

mit gefesselten Händen ihren Namen ins verschossene Blau der Wände. Sie beteten, sie weinten, sie schwiegen, sie schrieben: Worte der Empörung und Ergebung, Todesdaten, Lebenssummen, Wünsche und Beschwörungen. „Ich umarme Euch alle“, „Grüßt die Kinder“, „Es lebe Frankreich.“

Waren die Leichen eingesargt, so mußte Stock sie zum Friedhof begleiten. Die Fahrten mit den Lastwagen waren lang und peinvoll. Freunden gegenüber erzählte Stock, einmal habe der Lkw mit den Leichen der Exekutierten im dichtesten Pariser Verkehr einen Unfall gehabt, ohne daß die Passanten etwas von der „Ladung“ ahnten. Auf den weit um Paris verstreuten Friedhöfen sprach Stock die Totengebete. Übrigens wurden die Leichen nicht immer beigesetzt. Am 23. 9. 42 wurden laut Stocks Tagebuch die Leichen einer Gruppe von sechsundvierzig sogenannten Terroristen verbrannt. Zu Hause angekommen, sah Stock sich oft den Angehörigen gegenüber: ihrer fassungslosen Trauer, ihrer Empörung, ihrem christlichen Starkmut. Er händigte Hinterlassenschaften aus, er übermittelte die letzten Worte und Grüße. Er suchte zu helfen, wenn eine Familie ihren Ernährer verloren hatte. (Am 31. 3. 44 mußte Stock beispielsweise einer inhaftierten Frau mitteilen, daß ihr Mann erschossen worden sei.)

Über die täglichen Besucher in der Rue Lhomond – unter ihnen die Angehörigen noch lebender Häftlinge – kann man an vielen Stellen im Tagebuch lesen. Hier einige Beispiele: „13. 2. 42 Am Abend viele Besuche... 6. 2. 42 abends viele Besuche. 14. 7. 42 ... viele Besuche am Nachmittag... 10. 4. 42 Zu Hause angekommen, warteten viele auf mich... 26. 5. 42 Ungefähr dreißig Besuche... 13. 10. 42 Kam gegen ½ 6 Uhr nach Hause, dort warteten viele auf mich, etwa 45, bis 9.30 Uhr zogen sich die Besuche hin. 20. 10. 42 Nachmittags viele Besuche ...“

Hinter diesen kurzen Eintragungen verbergen sich überfüllte Sprechstunden für die Angehörigen der Erschossenen und der noch lebenden Häftlinge; sie erhofften sich von Stock Aufschluß über Schicksal und Ergehen der nächsten Menschen. Söhne und Töchter suchten etwas über ihren Vater zu erfahren, Frauen über den Ehemann; Freundinnen wollten wissen, wie es um das Verfahren ihres Freundes stand, Verlobte wünschten, das Los ihres Bräutigams zu erleichtern. Zeitweise (so wird glaubwürdig berichtet) reichte die Besucherschlange bis auf die Rue Lhomond. Man kam mit Fragen und Botschaften, man trug Briefe oder kleine Päckchen bei sich und hoffte, daß Stock sie weiterbefördern würde. Jetzt erwies es sich als günstig, daß die Rue Lhomond eine dem Verkehr entzogene schmale Straße war. Die Augen des deutschen Sicherheitsdienstes richteten sich gewöhnlich auf andere Straßen und Stadtteile. Eine ganze Reihe von Erwartungen konnte Stock nicht erfüllen. Seine Hilfsmöglichkeiten waren beschränkt, und zu einem „Draufgänger" fehlte ihm viel. Trotzdem ist seine Vermittlerrolle zwischen den Häftlingen und ihren oft verzweifelten Angehörigen kaum zu überschätzen. Dabei untersagte ihm sein Vertrag mit dem Militärbefehlshaber jegliche den Dienst betreffende Äußerung. Unter § 6 dieses Vertrages vom 10. Juni 1941 wurde Stock zu striktem Schweigen verpflichtet. Einmal heißt es im Tagebuch: „4. 2. 42 Zu Hause warteten schon Herr und Frau X, die Nachrichten über ihren am 29.1. erschossenen Sohn haben möchten. Christlich gefaßt." Unter dem Datum des 29. 1. 42 schreibt Stock: „Habe dem Vater noch am gleichen Abend den Tod seines Sohnes gesagt... bitteres Leid beim Vater..."

Am 21. 2. 42 kann man lesen: „Am Abend eine Freigelassene bei mir, die Geliebte eines von den zum Tode Verurteilten, die an ihm hängt. Sie möchte alles tun, um ihn zu retten. Ich glaube aber, er ist bei den Sieben des kommenden Montags." Am 5. 9. 42 heißt es: „Besuch von Familie X, † 20. August ‚ihr Sohn habe absolut nichts getan'." Bei einem dieser Besuche händigte Stock der Gattin des in

Frankreich bekannten Mitbegründers der Kommunistischen Partei Gabriel Péri dessen Ring aus. Péris letzte Worte in seinem Abschiedsbrief lauten: „Adieu et vive la France!“ Auch Franziska Stock und Fräulein Berlinghof standen Besuchern mit Rat und Tat bei.
Zu den täglichen Aufgaben Stocks, die er in der noch verbleibenden freien Zeit mit großer Sorgfalt erledigte, gehörten seine Eintragungen ins Tagebuch. Stocks Tagebuch beschreibt den Zeitraum vom 28. 1. 42 bis zum 13. 8. 1944. Es besteht aus einer gelben Stenogrammkladde im Format Din A 5. Dieser auch biographisch sehr wichtigen Quelle ist ein beträchtlicher Teil der hier mitgeteilten schriftlichen Äußerungen Stocks aus dem in Frage stehenden Zeitraum entnommen. Jede Seite besitzt rechts einen Rand, auf dem das Tages- und Monatsdatum der jeweiligen Ereignisse und mitunter auch die Zahl der Erschießungen des betreffenden Tages eingetragen sind. Die Eintragungen, zum überwiegenden Teil mit Tinte geschrieben, sind von Stock an wenigen Stellen noch während des Krieges und nach dem Kriege verbessert oder ergänzt worden. Meist handelt es sich um stichwortartige Notizen. Oft läßt die Schrift auf Eile, Zeitnot und physische Erschöpfung des Schreibers schließen. Wie genau Stock es trotzdem mit seinen Notizen nahm, zeigt sich unter anderem auch daran, daß er über die während seiner Urlaubszeit oder Dienstreisen geschehenen Exekutionen ebenso Protokoll führte wie über diejenigen, bei denen er zugegen war. Wie angedeutet, vertraten ihn nach Pfarrer Loevenichs Versetzung bisweilen Pfarrer Steinert und Oberpfarrer Hofer. Sie sprangen auch dann ein, wenn Stock einfach so erschöpft war, daß er sein Amt nicht ausüben konnte. In den Jahren 1942/44 amtierte bei einigen Erschießungen gläubiger Protestanten Pastor Peters. Am 21. 2. 44 war der evangelische Oberpfarrer Damrath bei einer Erschießung zugegen. Viele Tagebuchstellen lassen erkennen, daß Stock mit Oberpfarrer Hofer bis Anfang Juli 1944 dauernden Gesprächs-

kontakt hatte. Nach allem, was sich noch darüber ausmachen läßt, darf man annehmen, daß diese Gespräche sich nicht auf Fragen der Wehrmachts- und Häftlingsseelsorge beschränkten, sondern daß sie auch die militärische und politische Entwicklung berührten. Daß Stock seinem Tagebuch vom Inhalt dieser Gespräche nichts anvertraute, versteht sich aus einer berechtigten Furcht vor der Durchsuchung seiner Arbeitsräume von seiten des deutschen Sicherheitsdienstes. Manchmal sind die Namen deutscher Tischgäste oder in Deutschland lebender Bekannter im Tagebuch mit X bezeichnet. Verhaftungen befreundeter Geistlicher wie die Rudolfs Dietrichs werden mit lateinischen Worten umschrieben (Eintragung vom 18. 1. 43). Neben solcher Vorsicht, die Stellungnahmen und Kommentare besonders gegenüber dem nationalsozialistischen Regime vermeidet, offenbart das Tagebuch aber auch einen charakterlichen Grundzug Stocks: schweigend beobachten, selber unbeobachtet bleiben und notieren.

Soldaten- und Häftlingsseelsorge, Schulunterricht und „Sondermissionen", Dienstbesprechungen und Angehörigenbesuche, mit wenigen Bibliotheksbesuchen oder Malstunden ausgefüllte Muße und drangvolle Unruhe gehörten in Stocks Pariser Kriegsjahren zusammen. Mitunter war sein Leben eine makabre Mischung von Idylle und Schrecken. Am 30. 10. 43 notiert Stock den Vorgang einer Exekution, am 31. 10. 43 lobt er die Aufführung der „Missa solemnis von Mozart" durch einen Soldatenchor und ein Luftwaffenorchester. Große Gegensätze erscheinen in Stocks Journal manchmal übergangslos nebeneinander. Den Schwerpunkt aber bildet die fast schon ermüdende Wiederkehr der Notizen über die Routinebesuche in den Gefängnissen, bei denen Stock sich verzweifelt bemühte, nicht zum „Routinier" zu werden.

Zwei kleine, mit alphabetischem Register versehene Notizbücher sind erhalten. Sie verzeichnen Hunderte von Namen mit den Zellennummern und den Daten der Besuche

Stocks. Da liest man zum Beispiel: „Dupont, Victor 360, 20. 12.; De Jongh, Frédéric 30. 11., 153; Delestraint, General, 30. 11., 101; Dechot, Michel 10. 12., 271 III.; Delarbre, Douby, Drion, Michelet, Le Meur..." Da begegnen bekannte Namen wie der Sohn des Grafen von Paris Charles d'Orléans, Prince de Ligne, Prince Napoléon, Comte d'Estiennes d'Orves, Vicomte Henry de Susny, Comte Bernard de Béaru und Comte Arnauld de Nadailloc. Pouisson, Blanchard, Bouvet, Benoît, Bertin, Breton, Beauvais, Collette, Cayrol, Cordier, Charpentier, Cavelier, Clement, Camus, Dubois, Dupré, Delhay, Dufour, Dreyfus, Delaporte, Delauney... eine endlose Prozession geläufiger französischer Namen. Soweit ihre Berufe erkennbar werden, liest man von Generälen, Offizieren, Professoren, Anwälten, Politikern, Ingenieuren, Schauspielern, bildenden Künstlern, Priestern, Beamten, Studenten, Kaufleuten und Arbeitern und Bauern – Menschen fast aller Altersgruppen von 17 bis 60 Jahren. Allein in Fresnes saßen die Generäle Delestraint, Frère, d'Harcourt, Marteau, Olleris und Verneau. Am 29. 12. 43 heißt es in Stocks Tagebuch: „Da keiner (der Todeskandidaten) der Messe beiwohnen wollte, las ich die hl. Messe in der Zelle des Generals Delestraint, der sich sehr freute und dem das ganz überraschend kam." Unter dem Datum des 30. 6. 42 liest man: „Morgens Besuch in Cherche-Midi. Dort den Filmschauspieler Harry Baur angetroffen, bat um einen Rosenkranz und um ein Gebetbuch, las die Lettres Provinciales von Pascal. Gefaßt; dann einen jungen gestern geweihten Priester, der noch nicht seine Primiz gehalten hat..."

Am Ende des zweiten Zellenbuches stehen Gefangenenwünsche verzeichnet: „Der 2. Flur braucht einen Löffel, Zelle 387 ein Missale, 274 ein ‚Leben Jesu', 311 ein Bild, 299 eine Zahnbürste, 262 wünscht Racine, Claudel und Rimbaud, 257 ein ‚Vie des Saints'. Der 4. Flur braucht Spiegel, der 5. Rasierklingen, der 3. eine Haarschere, die Zellen 261, 153, 394, 493, 501 brauchen Kämme, 110 möchte ein Gebetbuch...", und so weiter. Unter dem Datum des 26. 9. 42 heißt es in Stocks Tagebuch: „Besuche in Fresnes, mehrere neue Todesverurteilte. Dem Blinden, dem ich ein Gebetbuch in Blindenschrift gebracht habe, wurde es vom Uffz. wieder abgenommen, er habe kein Recht, Besuche zu empfangen und zu lesen. Grausam! Und wie freute er sich, als ich ihm das Buch brachte. Wer kann einen Blinden leiden sehen!?" Am Rand sind zwei offenbar kurz nach der Eintragung hinzugefügte Worte zu lesen: „Tiefste Erschütterung!"

Natürlich spürt der Leser des Tagebuchs und der Zellenbücher von vornherein, daß das Meiste nicht in die Notizen eingeht. Notwendig verbirgt sich hinter Namen, Zahlen und Situationsskizzen ein unbeschreiblicher Andrang von Not und Elend, der auch heute noch undurchschaubar bleibt. Soviel ist sicher: Hier stand ein einzelner, wenn auch nicht völlig ohne Beistand, der mächtigen Maschinerie der Polizei und der Gerichte gegenüber, die täglich neue Urteile fällten und vollstrecken ließen, ohne daß dieser Mann den Mut verlor. Mitten im anonymen Gefängnisbetrieb, der keine Individuen mehr kannte, suchte Stock gerade dem einzelnen zu helfen. Wo das große Vergessen mit System betrieben wurde, prägte Stock sich unermüdlich Gesichter und Namen ein, notierte er Bitten und Wünsche.

Es verlautete schon, daß Stock nicht nur mit einer Reihe von Wehrmachtspfarrern, sondern auch mit anderen Wehrmachtsangehörigen ständigen Kontakt hatte. Einige Fotos zeigen ihn unter Offizieren, Soldaten, Nachrichtenhelferinnen und Rotkreuzschwestern vor einer der Pariser Kirchen, im Garten des Schlosses und des Soldatenheims Saint Germain-en-Laye und am Kamin seiner Stube in der Rue Lhomond vor den von ihm so geliebten bretonischen Möbeln: als einziger unter so vielen Uniformierten im schwarzen Rock mit weißem Kragen und schwarzer Krawatte. Katholische Beamte der Wehrmachtsgerichte – diese Ge-

richte gab es für alle Waffengattungen – besuchten oft die Soldatengottesdienste in den verschiedenen Pariser Kirchen. Hier bot sich immer wieder Gelegenheit, etwas über den Stand einzelner Gerichtsverfahren in Erfahrung zu bringen, und Stock nutzte diese Gelegenheiten nach Kräften. Wurde er in den Gefängnissen Zeuge von Übergriffen der aufsichtführenden Wachen, so stellt er sie zur Rede. Obwohl sein Auftreten unmilitärisch war, machte er wiederholt in den Gefängnisküchen die Rechte der Häftlinge geltend. In solchem Zusammenhang kam es vor, daß Häftlinge ihm – wie Colonel de la Roque am 17. 8. 43 – selbstverfaßte Gedichte widmeten.
Stocks Zellenbücher enthalten die Namen vieler Priester. Kanonikus Rodhain und Père Riquet bestätigen, daß Stock sich ganz besonders für sie eingesetzt hat. Rodhain teilt mit: „Seit Beginn der Besetzung Frankreichs nahm der französische Generalseelsorger, der für alle Gefangenen und Stalag-Insassen verantwortlich war, mit Stock Kontakt auf. Seit 1942, als wir für die jungen, nach Deutschland gebrachten Arbeiter eine heimliche Seelsorge organisieren mußten, häuften sich die Verhaftungen, und von da an war Stock ein Bote dauernder Fürsorge für die Häftlinge und ihre Angehörigen.“ Zu seiner Schwester Franziska sagte Stock einmal: „Morgen muß ich ein Hemd mit ins Gefängnis nehmen. Pfarrer X sitzt schon wochenlang, ohne die Wäsche gewechselt zu haben.“
Fast auf jeder zweiten Seite der Zellenbücher begegnet hinter einem Namen die vielsagende Abkürzung „z. To.“ Das hieß „zum Tode verurteilt“, und ein Bleistiftstrich quer durch den Namen zeigt an, daß das Urteil vollstreckt worden war. Eingehend berichtet das Tagebuch vom Vollzug der Todesurteile. Fast drei Viertel aller Eintragungen beziehen sich auf Exekutionen, deren Zeuge Stock wurde. Es handelt sich um stichwortartige Notizen, sozusagen Gedächtnisprotokolle, in der verbleibenden freien Zeit und oft in Eile niedergeschrieben: vom Tempo der sich jagen-

den Ereignisse diktiert. Dahinter steht der deutliche Wille, so wenig wie möglich dem Vergessen zu überlassen. Auch Pfarrer Loevenich hat Aufzeichnungen gemacht; an denen Stocks gemessen, sind sie sporadisch und weniger eingehend. Bei Stock ist die Energie eines Chronisten zu spüren. Ein anderer Grund für seine ausführlichen Aufzeichnungen ergibt sich aus dem zuvor Gesagten: Der Seelsorger in der Rue Lhomond, der den Franzosen kein Unbekannter war, mußte ständig mit späteren Besuchen der Angehörigen rechnen. Für ihn selber waren sie eine Art Ventil des ihm von der Obrigkeit aufgenötigten Schweigens.

Heute sind die Exekutionsorte stumm. Wer vor der Kasematte des Mont Valérien steht, hört in der Stille hoch über Paris die Vögel singen. Wo die Erschießungspfähle standen, blühen Schierling und Holunder. Hochstämmige Kastanien und Buchen breiten ihre Äste über dem Schauplatz. In einem der Bäume sind noch die Reste eines Lichtkabels frühmorgendlicher Exekutionen zu sehen. Der Erschießungsplatz gleicht einer Bergschlucht. Der Himmel ist nur als bescheidenes Viereck erkennbar. Eins ist gewiß: Von hier drangen weder Schreie noch Schüsse in die Tiefe. Der Exekutionsort ist stumm, doch Stocks Aufzeichnungen machen die Szenerie lebendig; sie gleichen dem Drehbuch zu einem düsteren Film, den man nie zu sehen bekommen wird, dessen Ablauf man sich aber jetzt vorstellen kann. Mit einem Wort: Durch Stocks Augen erhält das tausendfache Sterben auch in seinen Lesern späte Zeugen. Häufig kannte Stock die Opfer bereits. So heißt es beispielsweise in einer Exekutionsnotiz vom 23. 2. 42: „...hatten öfters während der Haft kommuniziert.“ Nicht selten war er bei der Urteilsverkündigung zugegen gewesen und hatte die Verurteilten auf ihren Tod vorbereitet. Besonders den zahlreichen praktizierenden Katholiken, die erschossen wurden, war Stocks seelsorglicher Beistand willkommen. Bei einer Exekution am 20. 5. 44 waren beispielsweise von elf Erschossenen zehn Katholiken. Mehrere Male

verbrachte Stock die Nacht vor der Exekution mit den Verurteilten. Noch vom 15. auf den 16. Juni 1963 betete die Frau eines erschossenen französischen Widerstandskämpfers die ganze Nacht am aufgebahrten Sarg Stocks in Chartres, weil „er vor der Erschießung die ganze Nacht bei meinem Mann gewacht hat". Waren die Todeskandidaten Analphabeten, dann schrieb Stock ihre letzten Gedanken, Wünsche und Grüße nieder. So heißt es unter dem Datum des 12. 5. 42 im Tagebuch: „...Alter Mann, konnte nicht schreiben, habe für ihn den Brief geschrieben: ‚Verkaufe alles Vieh und lege das Geld für den Neffen an!' "
Hinter Äußerungen wie den folgenden wird das Gesicht Stocks deutlich. Er gestattete gewissermaßen den Todeskandidaten nicht, im Haß zu sterben: „Vor allem kein Haß gegen die, die mich erschießen. Mein Wille als französischer Kommunist ist, daß es nach dem Kriege kein Gemetzel gibt." – „Sagen Sie allen Deutschen, daß ich ihnen vergebe und ohne Haß sterbe. Gern opfere ich mein Leben für den Frieden." – „Ich sterbe ohne Haß gegen irgend jemanden." – „Ich vergebe allen meinen Feinden ohne Ausnahme." (Exekution vom 2. 12. 43). Gruppenerschießungen kommunistischer Täter oder Geiseln zeigen dagegen oft das gleiche Bild: Fast geschlossene Ablehnung jedes seelsorglichen Beistandes, die mitunter bis zum Spott geht. Gemeinsamer Gesang, Hochrufe auf die Führer des französischen und des Weltkommunismus. Zwei Beispiele: „Sangen die Marseillaise, die Internationale, ließen Stalin, Thälmann hochleben etc..." „Starben mit Vive la France, vive l'armée rouge, vive Thorez!"
Stocks Eintragungen über die Hinrichtungen zeigen eine Art Schema. Dem Tagesdatum folgen Ort und Zeit der Exekution. Name, Vorname, Geburtsort und Geburtsdatum werden vermerkt; womöglich findet sich auch eine Berufsangabe. Gelegentliche Bemerkungen über die nächsten Angehörigen der Erschossenen stehen meist neben den Heimatadressen. Meistens ist angegeben, woher die

Erschossenen stammten, ob es sich etwa um Bretonen oder Elsässer handelte.

In der Regel verweilt Stock etwas bei der Schilderung des Verhaltens der Todeskandidaten vor und während der Exekution. Oft notiert er den Wortlaut ihrer letzten Äußerungen. Seine Haltung als Seelsorger wird sichtbar. Die Aufzeichnungen behandeln ausführlich das religiöse Bekenntnis und Verhalten der Todeskandidaten.

Einige Male geschah es, daß Franzosen, die zur Erschießung bestimmt waren, erst am Exekutionsort zurückgestellt wurden. So befand sich laut Stocks Angaben am 24. 10. 43 auf dem Mont Valérien unter den Feuilles ein Mann, der schon vorher einmal dort war, aber im letzten Augenblick doch nicht erschossen worden war. Übrigens hat Stock sich mit Erfolg um die Aussetzung einer Exekution bemüht, die dem Betroffenen überhaupt das Leben rettete. Unter dem Datum des 14. 2. 42 konnte Stock notieren: „...X hatte schon am 8. 11. 41 einen Bruder verloren, mit dem er zum Tode verurteilt war vom Gericht in Melun; dort erschossen: er wurde lebenslänglich begnadigt, sollte heute früh als Geisel erschossen werden. Ich setzte mich mit dem Kommandanten von Groß-Paris in Verbindung. Mit Major D..., den ich von der damaligen Geiselverhandlung her kannte, gab telefonisch den Bestand durch, Bitte um Begnadigung, da sein Bruder schon erschossen sei, und nur noch jüngere Geschwister da sind; die Sache wurde dem Kommandanten vorgetragen, und gerade waren wir dabei abzufahren, die Handschellen waren schon angelegt, da kam Nachricht, daß die Vollstrekkung des Todesurteils an X nicht stattfinden sollte. Welche Freude für mich und für ihn. Er war Schumacher von Beruf, ein Holzbein, guter Bauerntyp, wegen Flugblätter verurteilt..."

Viele religiös abständige Todeskandidaten konnte Stock noch vor der Exekution zur Kirche zurückführen. Ebenso viele lehnten seinen Beistand, hie und da brüsk, ab. Einmal

(21. 2. 42) schreibt Stock: „Der Franzose, den ich noch am Arm hielt und bis unten begleitete, blieb trotz meines Versuchs, ihn zu bekehren, hart wie ein Stein. Er rief in das Knallen der Gewehrschüsse: Es lebe die Sowjetunion, es lebe die Kommunistische Partei. Seine Frau tritt unter fremdem Namen in einem Nachtkabarett als Sängerin auf, im ‚Aiglon', wo viele deutsche Offiziere verkehren bis in die Nachtstunden. Niemand weiß, daß sie verheiratet ist und einen solchen Mann hat."

Soweit Stocks Aufzeichnungen die Schuldfrage berühren, betrachtet er sie vom Dekalog her. Nirgendwo wird die Behandlung schwieriger Fragen, wie etwa der Widerstandspflicht aus Gewissensgründen, deutlich. Unter dem Datum des 2. 12. 43 notiert Stock in sein Tagebuch: „...gut katholisch, haben das für ihr Vaterland getan..." und verbessert sich sofort: „...glaubten es zu tun..." Das gilt nicht unbedingt für die Geiselerschießungen. Die Äußerung eines Juden vor der Exekution scheint Stock besonders wichtig gewesen zu sein, denn am 7. 3. 42 heißt es: „X kam aus dem Lager in Drancy, fühlte sich durchaus nicht schuldig, werde erschossen, bloß weil ich ein Jude bin..." Unter dem Datum des 14. 8. 43 liest man: „Alle sehr gefaßt, außer dem Spanier, der seine Unschuld beteuerte und schwer zu beruhigen war"; am 11. 4. 44: „1925 geboren, hatte nicht den Eindruck eines Verbrechers." Öfter dagegen bedient Stock sich des Vokabulars der Gerichte. Dann heißt es im Tagebuch: „Verbrecher", „Terroristen", „Verführte" oder „viel Morde auf dem Gewissen."

Auch denen, die geistlichen Beistand ablehnten, fehlte es meist nicht an menschlicher Größe. Unter dem Datum des 6. 6. 44 berichtet Stock von einer Exekution, bei der fünf vom Luftwaffengericht verurteilte Männer erschossen wurden. Bei dieser Exekution vertrat ihn Kriegspfarrer Josef Maria Reuss, später Weihbischof in Mainz. Stock ließ sich offenbar von ihm erzählen, was sich zugetragen hatte. In diesem Zusammenhang heißt es u.a. : „Der Jude... sprach viel von der Zukunft des Kommunismus... war lange in Jerusalem gewesen... Einer sagte am Pfahl: ‚Ich bedauere, Herr Pfarrer, daß ich Ihnen Mühe mache, ich bin glaubenslos und brauche Sie nicht', ein anderer sprach ähnliches." Am 6. 2. 43 notiert Stock: „...fand trotz meines häufigen Besuchs in Cherche-Midi nicht den Weg zum Glauben, war aber sehr freundlich, habe beide bis zuletzt begleitet; sie waren sehr dankbar für diese Geste." Am 15. 2. 43 liest man: „Sprachen offen von ihrem Ideal, der kommunistischen Zukunft, waren sonst sehr zugänglich, haben uns lange unterhalten, doch keinen Glauben." An anderer Stelle heißt es: „X war Kommunist, wie er oft betonte, ungläubig; je ne suis pas croyant, excusez-moi, starb auch ‚vive le communisme!' "

Ein anderes Mal heißt es: „Ich habe 25 Jahre für die classe ouvrière gearbeitet, habe meine Ideen, das genügt, ich will nicht feige werden im letzten Augenblick." (29. 12. 43) Zur Exekution vom 21. 2. 42, bei der vierzehn Geiseln erschossen wurden, notiert Stock: „Ein junger Jude sagte mir, uns können sie töten, aber andere werden wiedererstehen, die jüdische Rasse sei nicht auszurotten. Einige Juden waren fromm, beteten Psalmen, einer tat sein seidenes Gebetstuch um, damit wolle er begraben werden. Frage, kommt kein Rabbiner?" Im Dezember 1943 schreibt Stock: „Einer sagte am Pfahl: ‚Beten Sie für meine Frau und meine Kinder, für mich ist's nicht nötig. Sagen Sie meiner Familie, daß ich mutig gestorben bin und als Franzose.' Als ich sagte: ‚Aber nicht als Christ', antwortete er: ‚Das ist eine andere Sache'." Am 21. 2. 44 notiert Stock unter den letzten Worten der Opfer (25 Kommunisten) die folgenden: „Es lebe das deutsche Volk, aber nieder mit den Nazis..." Im März 1944 äußert ein Franzose vor seiner Erschießung: „Wir lieben die Deutschen wie unsere Brüder!", und sein Kamerad neben ihm am Pfahl bestätigt: „Das stimmt genau – so ist es –." (15. 3. 44) Auch in diesem Fall sind Stocks Eintragungen der Bestattungsorte und

Grabplätze minutiös genau. Fast jede Schilderung einer Exekution schließt mit der Angabe des Friedhofes, der Grabreihe, häufig auch der Grabnummer. Die Toten wurden auf folgenden Friedhöfen beerdigt: Bagneux, Thiais, Issy, Nanterre, La Garenne und Courbevoie.
Daß Stock neben den seelsorglichen die familiär-menschlichen Probleme vordringlich bewegten, zeigen viele Aufzeichnungen. Handelt es sich bei den Erschossenen um Familienväter, so ist fast immer die Zahl ihrer Kinder vermerkt. Am 26. 2. 43 schreibt Stock über die Exekution eines Franzosen das Folgende: „X erfuhr am heutigen Tage, daß sein Sohn geboren sei; war geboren an dem Tag, als er zum Tode verurteilt wurde." Am 23. 8. 43 vermerkt er bei einem Erschossenen: „Vater von 7 Kindern, ält. 14 Jahre; Frau auch zum Tode verurteilt." Anfang 1944 notiert er, daß ihm ein Todeskandidat vor der Erschießung das Bild seiner Frau gegeben habe, „die ein Kind erwartet". Am 12. 7. 44 heißt es von einem anderen: „Hinterläßt eine Frau, die ein Kind erwartet und sehr an ihm hängt; ein fünfjähriger Junge."
Daß auch schwerkranke Männer erschossen wurden, liest man mehrfach. Einmal ist die Rede von einem Tb-Kranken, der aus dem Lazarett geholt wurde. Einige Male (so am 20. 8. 42 und am 17. 4. 42) mußte jemand zum Exekutionsplatz getragen werden, weil er nicht stehen konnte. Am 23. 2. 42 wurde ein Mann erschossen, der hundertprozentig kriegsversehrt war; unter dem Datum des 1. 10. 42 schreibt Stock über einen Erschossenen: „Hatte an entwichene Kriegsgefangene Lebensmittelkarten besorgt, war in einem Hilfswerk tätig, als Schwerkriegsverletzter."
Häufig verabschiedeten sich die Todeskandidaten vor ihrer Erschießung von Stock mit einer Umarmung. So heißt es etwa am 1. 10. 42 : „Er umarmte mich am Pfahl vor allen Soldaten, betend starb er." Am 24. 10. 42: „Umarmte mich und starb betend, im Gedanken an seine arme Frau und die Kinder." Unter dem 20. 11. 42 kann man lesen: „Als ich

ihm den letzten Segen gab, sagte er nur, nachdem er mich umarmt hatte, ‚stellen Sie sich hinter die Soldaten, damit ich Sie sehe'." Am 21. 11. 42 wurden sechs Kommunisten erschossen. Stock bemerkt dazu: „Alle riefen nach mir, als wir unten waren. Umarmten mich." 17. 3. 43: „...mußte ihn umarmen im Namen seiner Mutter, an die er viel gedacht hat." Am 27. 10. 42 starben sechs Männer. Stock schrieb über ihren Tod: „Knieten alle nieder und beteten gemeinsam das Gebet der Sterbenden, alle umarmten mich, bevor sie starben." Von der Erschießung eines jungen Mannes am 25. 2. 44 heißt es: „...schrieb in aller Seelenruhe seine Briefe, herrliche Schrift, die Adresse auf dem Umschlag wie gemalt. Hat gebeichtet und kommuniziert. Jung! wollte nicht die Augen verbunden haben, man tat es doch, riß im letzten Augenblick die Binde ab und lächelte. Ich betete mit ihm, dann sagte er: ‚Vous êtes chic!' und wollte mich umarmen, lachend schaute er dem Tod ins Auge." Am 23. 8. 43 berichtet Stock: „Am tapfersten war X, der jüngste, der auch gleich nach Beichte und Kommunion verlangte, der sein Lächeln bis zum letzten bewahrte."
Den Tod eines Bretonen schildert Stock unter dem Datum des 24. 7. 42: „X zeigte außerordentlichen Mut und festes Gottvertrauen, auch auf dem Wege so fest. Verabschiedete sich von den Soldaten: (Ich) ‚bitte Gott, daß Ihr alle bald wieder gesund nach Hause kommt, zu Euren Kindern und Frauen'... verabschiedete sich von seinem Abteilungsunteroffizier. Als die Schüsse krachten, rief er noch: ‚Je ne suis pas mort'. Obschon fünf Herzschüsse, starke Nerven." Am 30. 11. 42 notiert Stock: „X wollte singend sterben, sang am Pfahl mit klarer, melodischer Stimme gerade das Ave Maria, als das Kommando Feuer kam ‚Mourir en chantant', seine Devise. Y war sehr fromm, betete viel unterwegs, am Schluß lateinisch das ‚De profundis'. Z. wollte sich vorher verheiratet haben mit seiner Braut..., war nicht möglich, viel an sie gedacht..."
Religionslehrer Loevenich berichtet, Stock sei nach den

Erschießungen oft sehr deprimiert gewesen und er habe mit Gewalt versucht, ihn auf andere Gedanken zu bringen. Freunden gegenüber äußerte Stock später, mitunter sei er zwischen dem Boulevard Saint Michel und Notre Dame vor Scham rot geworden, wenn ihn Passanten anblickten, weil er glaubte, sie könnten auf seinem Gesicht lesen, was er Tage oder Stunden vorher mitangesehen habe. Loevenich meint, Stock habe sich zu seinen Studien für ein Buch über Kanonikus Axinger förmlich in die Bibliothèque Nationale geflüchtet.

In diesen Zusammenhang gehört eine Äußerung des ehemaligen Häftlings aus Fresnes, G. Poutiers (Paris). Er schrieb an P. Closset: „Dezember 1941 (etwa um den 10. oder 11. herum) wurde ein Dutzend Bretonen erschossen, und Stock stand ihnen im letzten Augenblick bei. Einen Tag danach besuchte er mich in der Zelle. Er nahm seinen Kopf zwischen die Hände und stöhnte: ‚Mein Gott! Wie entsetzlich sind die Menschen, was für Scheusale. Wie lange soll das noch weitergehen? Gestern haben sie wieder zwölf Männer erschossen, einen nach dem anderen. Einer stand dem anderen bei, der letzte war ein 17jähriger Junge. Es war furchtbar'." Im August 1941 äußerte Stock gegenüber dem damaligen Militärpfarrer, dem späteren Erzbischof von Paderborn Dr. Lorenz Jaeger: „Ich meine oft, ich könnte nicht mehr. Was ich hier erlebe, ist so furchtbar, daß ich oft Nächte lang schlaflos liege." Daß Stock sich auch vor möglichen Exekutionen fürchtete, geht unter anderem aus einer kleinen Notiz am 17. 10. 42 hervor. Dort heißt es: „SS-Obersturmführer deutete mir schon wieder Sondermission an." Trotz gelegentlicher Besuche deutscher Priester aus Brüssel und Le Mans, auch ehemaliger Mitbrüder aus Paderborn, die als Priester zum Wehrdienst eingezogen wurden, trotz des guten Kontakts zu Hofer und Loevenich mußte Stock mit vielen Ängsten und Bedenken allein fertigwerden. Auch die wiederholten Besuche des Feldbischofs Rarkowski in der Rue Lhomond,

der unter anderem an den Exerzitien von 34 beziehungsweise 24 Feldpfarrern teilnahm, brachten keine wesentliche Änderung.
Wie sehr Stock in prekäre Situationen hineingezogen wurde, zeigt sich daran, daß er nicht nur bei der Erschießung von Widerstandskämpfern, sondern auch bei der Beerdigung ihrer Opfer zugegen war. So hatte Stock am 26. 6. 44 eine französische und deutsche Ansprache bei der Beisetzung eines Beamten des Sicherheitsdienstes zu halten, der von Widerstandskämpfern in der Bannmeile von Paris angeschossen worden und an den Wunden gestorben war. Am 26. 7. 42 nahm Stock in Gegenwart hoher Parteivertreter, des Botschafters Abetz und Vertretern der SS die Einsegnung der Leiche des Freiherrn von Thyssen vor. Er hielt dabei eine kurze Ansprache. Am 7. 12. 42 erhielt Stock aus der Hand des Kommandanten von Groß-Paris das Kriegsverdienstkreuz (General von Boineburg-Lengsfeld). In seinem Tagebuch notierte Stock: „Der General war sehr aufgeschlossen." Man darf annehmen, daß bei diesem Zusammentreffen politische Sachverhalte nicht berührt wurden.
Es lag nahe, daß Stock bei seinen gelegentlichen Reisen in die Heimat wache Ohren und tieferes Verständnis suchte. Kam auch sonst kaum ein Wort über seine Lippen, so suchte er doch bei einigen besonders vertrauten Menschen Verständnis. Am 28. 1. 42 notierte Stock nach seiner Rückkehr von einer Deutschlandreise: „Freiburg i. Br. sechs Tage. Reinhold Schneider in seiner Wohnung besucht." Unter dem Datum des 18. 1. 43 heißt es: „Am Dienstag nach Freiburg... Besuch bei Reinhold Schneider und Erzbischof..." Reinhold Schneider hat in seinem Erinnerungsbuch „Verhüllter Tag" über einen dieser Besuche berichtet: „An einem dunklen Winterabend erzählte Pfarrer Stock aus den Pariser Gefängnissen; wir hatten uns vor dem Kriege kennengelernt, nun hatte sich ein Leiden in ihm angehäuft, vergleichbar dem, was Spee unter den Schlägen des Hexen-

hammers zu tragen hatte. Er suchte zu retten, zu helfen; er tröstete vor dem Ende, hörte die Flüche der unter den Schüssen Zusammenbrechenden auf den Verderber, verwahrte die letzten Habseligkeiten und Andenken und übermittelte sie den Hinterbliebenen: Tag für Tag und Stunde für Stunde, Nacht für Nacht einem Leid gegenübergestellt, das nur aus der Kraft des Sakramentes zu tragen war. Aber die Kraft des menschlichen Herzens mußte einmal zu Ende sein."

Sie *war* einmal zu Ende. Am 16. 8. 43 wurde Stock von den Ärzten des Militärbefehlshabers die Einweisung in ein Lazarett nahegelegt. Eine stationäre Behandlung sei dringend notwendig. Befund: Herzleiden. Unter dem 19. 8. 43 heißt es im Tagebuch: „Arzt verordnete eine vollkommene Ruhe wegen meines Herzens." Doch schon vier Tage später mußte Stock erneut an der Exekution von fünf Todesverurteilten teilnehmen. Erst Mitte September konnte er einen vierwöchigen Urlaub in Deutschland verbringen. Acht Tage nach seiner Rückkehr hatte er schon wieder der Erschießung von 21 Männern beizuwohnen. Im gleichen Tempo ging es weiter. Seine schlechte physische Verfassung zeigt sich auch an seiner fahrigen Handschrift. Die letzte im Tagebuch erwähnte Erschießung (eines 18jährigen Jungen) fand am 9. 8. 44 statt. Ihr war die Erschießung einer Frau vorausgegangen. Der in Paris so turbulent verlaufene 20. Juli 1944 ist übrigens im Tagebuch nicht erwähnt. Der letzte in Stocks Tagebuch beschriebene Besuch in Fresnes geschah am 11. 8. 44. Es heißt dort: „Zum Teil sind die Gefangenen schon fort, der Rest folgt. Ich habe vor der Abfahrt viele getroffen." Die letzten Tagebucheintragungen stammen vom 12. und 13. 8. 44. „12. August 44 Vorbereitung für die eigene Abfahrt, alles eingepackt, Bücher in die Kisten, Bilder abgenommen... 13. 8. 44 ... ¼ 7 Gottesdienst in Notre Dame des Champs, 9 Uhr St. Joseph, danach zum Kommandanten. Für Franziska und Frl. Berlinghof Marschbefehle. Begleitung eines Verwundetentransports, Papiere erhalten. Abends nach Ecole Militaire gebracht, dort die ganze Nacht gewartet, bis ein Ferntransport geht. Hoffentlich geht alles gut. Ich wohne seit heute im Hotel Palais d'Orsay, Zimmer 37."

Was Stock im Jahre 1940 Heinrich Höfler angekündigt hatte, wurde Wirklichkeit. Unter dem Eindruck der heranrückenden Alliierten befreiten sich die Pariser selber. Mit alten Gewehren, Pistolen und Küchenmessern begannen sie einen ungleichen Kampf, der jedoch von den deutschen Truppen fast gar nicht mehr angenommen wurde. Der deutsche Befehlshaber von Choltitz ignorierte Hitlers Zerstörungsbefehl der Stadt und verhandelte bei einer dreitägigen Waffenruhe mit diplomatischen Vertetern Schwedens; ehe der Barrikadenkampf die Stadt wirklich gefährden konnte, zog General Leclercs französische Panzerdivision ein. Am nächsten Tag (25. 8. 44) wurde Charles de Gaulle als künftiger Regierungschef Frankreichs im Hotel de Ville triumphal empfangen. Die Hakenkreuzflagge auf dem Arc de Triomphe war verschwunden.

Stocks vorletzte Tagebucheintragung vom 12. 8. 44 läßt erkennen, daß er sich mit der Absicht trug, Paris mit einem der letztmöglichen Militärtransporte zu verlassen. Am 13. 8. scheint er sich zum Bleiben entschlossen zu haben. Vielleicht hat die Aussprache mit dem Kommandanten von Groß-Paris zu diesem Entschluß geführt. Stock wechselte nämlich in das Lazarett La Pitié über, wo viele Schwerverwundete lagen, die nicht transportfähig waren. Außer ihm blieben zwei deutsche Schwestern und ein deutscher Arzt. August Wilken, der vom 1. 3. 43 bis zum 18. 8. 44 als Soldat im Gefängnis Cherche-Midi eingesetzt war, teilt mit: „Drei Tage zuvor war Pfarrer Stock noch extra bei mir und verabschiedete sich. Dort wohnte er aber nicht mehr in der Rue Lhomond, sondern in einem Hotel an der Seine. Er erzählte mir dann, daß er Frl. Stock und seine Sekretärin mit einem Lazarettzug nach Deutschland geschickt habe. Er bliebe im Lazarett La Pitié."

In La Pitié kam Stock in amerikanische Gefangenschaft, nachdem sein Einfluß den Insassen mancherlei Schrecken ersparen konnte. So versuchten Mitglieder der Pariser Résistance-Truppe deutsche Verwundete als Geiseln zu erschießen. Ihr Anführer, einstiger Häftling von Fresnes, erkannte Stock wieder und sorgte dafür, daß das Lazarett künftig verschont blieb. Am 29. 8. 44 erhielt Stock ein zeitlich begrenztes Laissez passer für ganz Paris. Drei Wochen später mußte er die Hauptstadt verlassen und wurde in eines der überfüllten Gefangenenlager unweit Cherbourg geflogen. Seine erste Karte nach Neheim trägt das Datum vom 3. 10. 44: „Meine Lieben! Ihr habt sicher lange auf Nachricht gewartet. Hier die erste aus einem amerikanischen Lager in der Normandie. Habe meine Arbeit unter den Gefangenen und freue mich, seelsorglich tätig sein zu können. Wie lange ich bleibe, weiß ich nicht. Oft denke ich an Euch im Gebet..." Die Karte ist mit dem Decknamen „Josef Lantsch" unterschrieben.

VII. „Die Gefangenschaft und die Freiheit des Christen"

Das gute Verhältnis zum amerikanischen Feldgeistlichen Father Frederick Necker, dem Oberpfarrer von Cherbourg, und den Mönchen der nahegelegenen Trappistenabtei Bricquebec half Stock über die ersten schweren Tage und Monate hinweg. Das eilig improvisierte Lager La Haye du Puits bestand nur aus Zelten, und vom Kanal her wüteten Sturm und Regen; die sanitären Zustände waren schlecht. Am 4. Oktober konnte Stock mit Father Necker Paris besuchen und fehlende Kirchensachen, Wäsche und Bücher aus seiner Wohnung mitnehmen. Er besuchte Abbé Guérin und Kardinal Suhard, die ihn herzlich aufnahmen und ungern wieder ziehen ließen. Nach drei Tagen kehrte Stock ins Lager zurück. Bald nahm ihn die Lagerseelsorge, die er zusammen mit zwei anderen deutschen Geistlichen durchführte, stark in Anspruch. In den freien Stunden zeichnete und malte er; eines seiner Ölbilder zeigt die geräumige Zeltkirche, die Mitte November 1944 eingeweiht wurde.

Damals schrieb Stock nach Neheim: „Auf meinem Bücherregal steht das Bild von Heinz (Stocks jüngster Bruder, der als Matrose am 25. 1. 42 fiel; d. A.), das ich aus der Wohnung mitnehmen konnte. Ich denke oft an ihn, besonders, wenn ich das Meer sehe, das gleich unterhalb beginnt." Unter dem Namen „Obergefreiter Anton Tatula" schrieb er am 19. November 1944 an seine Schwester Franziska: „...ich sitze hier in meinem Zelt und schreibe diese Zeilen, ehe der Abendgottesdienst beginnt. Dann werde ich wieder an Euch alle denken und für Euch beten, daß Gott seinen Segen reichlich auf Euch herabsende. Meine Wohnung ist ganz nett eingerichtet. Aus Blech habe ich ein paar Schalen getrieben, die nun vor mir auf dem Tisch stehen, ein paar Äpfel, ein Herbststrauß kommen dazu, eine rauhe Leinendecke liegt darunter. Zum Lesen habe ich eine ganze Bibliothek, so daß die Zeit gar nicht lang wird. Bei den vielen Gefangenen gibt es immer Abwechslung und sehr viel Erfreuliches. Bleibt gesund und denkt an mich im Gebet Euer Franz Anton." Weshalb Stock sich bei seinen Adressen fremder Namen bediente, ist nicht ganz durchsichtig. Vielleicht konnte er auf diese Weise häufiger schreiben, als ihm zustand, vielleicht dachte er auch, die Angehörigen im noch kämpfenden Deutschland vor Unannehmlichkeiten zu schützen.

Mitte Dezember 1944 erhielt Stock die Gefangenennummer US/PWIB 31 G/820 374. Um die Jahreswende, als die erhofften Nachrichten aus der Heimat ausblieben, die Verpflegung täglich schlechter wurde und der Zusammenbruch Deutschlands vor der Türe stand, wurde Stock zusehends düsterer. Anfang Februar 1945 nahm ihn Father Necker für einen Tag in die Abtei Bricquebec mit, im März mach-

ten der Abt und Pater Albéric ihm einen Gegenbesuch. Sie brachten Blumen, Proviant und Bücher mit. Am 13. März erhielt Stock den Besuch Abbé Huets aus Paris.
Zugleich traf ein Schreiben des einstigen Häftlings von Fresnes, Abbé Le Meur, ein. Es lautete: „Ich möchte Sie heute offiziell fragen, ob Sie gewillt sind, unter materiell härteren Bedingungen als jenen, unter denen Sie leben, die geistliche Bildung der kriegsgefangenen Theologen zu übernehmen. Wir wollen ihnen die geistige Liebe angedeihen lassen, die notwendig ist, damit sie dem Priestertum nahekommen und nach so langen Unterbrechungen bald ein Element katholischer Erneuerung ihres Landes werden. Wir wünschen, daß die Ausbildung von deutschen Priestern vorgenommen wird, denn es handelt sich darum, einen Klerus für Deutschland heranzubilden." Stock nahm an, und auf seine vorbehaltlose Zusage antwortete Abbé Le Meur: „Ich bin überzeugt, daß das Werk, das wir unternehmen, einen großen, nachhaltigen Einfluß auf die gegenseitige Verständigung unserer beiden Länder und die Ausstrahlung unserer geliebten Kirche haben wird."
Ohne Abbé Le Meur hätte es kein Seminar in Orléans und Chartres gegeben. Der Plan dazu, die sehr schwierigen Verhandlungen mit den zuständigen Stellen in Frankreich und Deutschland, die Anregungen für bessere Verpflegung – all das war sein persönliches Werk. Georges Le Meur war gebürtiger Pariser. Der Spätberufene studierte 1928 bis 1932 Theologie und wurde 1932 (also im selben Jahr wie Franz Stock) zum Priester geweiht. Man ernannte ihn zum Vikar in der Pariser Bannmeile.
Während des Krieges besorgte er seinen jüngeren Pfarrangehörigen gefälschte Atteste, um sie aus religiöser und politischer Überzeugung vor dem Arbeitseinsatz in Deutschland zu bewahren. Einen Teil der Bescheinigungen fertigte er selber an. Seine belgische Haushälterin denunzierte ihn bei den Behörden. Er wurde verhaftet, mißhandelt und schließlich vom Gefängnis Fresnes aus, wo er in Zelle 328

Abbé Stock begegnete, in das KZ Compiègne verlegt. Wegen der (nach der Invasion) näherrückenden Normandiefront wurde das KZ aufgelöst. Die Insassen transportierte man nach Deutschland. Vor der Reise nach Bergen-Belsen gelang es Le Meur, ein Komplott zu schmieden: Er weihte etwa 30 Kameraden in seinen Plan ein, die Waggontüren aufzubrechen und aus dem fahrenden Zug zu springen. Der Transport ging am 4. Juni 1944 um 8 Uhr morgens von Compiègne ab. Während der Fahrt hielten die Diskussionen darüber an, ob man abspringen solle oder nicht. Als der Zug auf dem Bahnhof Lagny drei Stunden Aufenthalt hatte und ein SS-Mann vor der Türe Wache hielt, bat einer der Mitgefangenen Le Meur, doch vor den Ohren des Wächters ein Gesetz des Rosenkranzes zu beten. Le Meur erzählt darüber: „Ein wenig dämpfe ich diese glühende Manifestation. Wir beten jedoch ein Gesetz des Rosenkranzes. Was für einen Eindruck aber hinterläßt dies Gebet wohl bei den braven Reisenden auf dem Bahnsteig von Lagny, die noch glauben mögen, die SS transportiere lediglich ‚Terroristen‘ und ‚Banditen‘, so wie Radio Paris es meldet?“ Als der Zug hinter Lagny in voller Fahrt war, begann Le Meur mit einer unter seinen Schuhsohlen versteckten Eisensäge die Waggontüre aufzubrechen. Da sprangen bei einem Tempo von 70 bis 80 Stundenkilometern nach festgelegtem Plan, mit besonderer Technik und strenger Disziplin 45 Mann ab. Le Meur berichtet darüber: „Eine einzige Frage bewegt uns, keiner wagt sie auszusprechen. Wir denken an die 60 im Wagen, die springen wollten. Wie viele hatten noch Zeit zu springen? Später höre ich, daß 45 es geschafft haben, 45 Franzosen. In Bar le Duc hat die SS die aufgebrochene Wagentüre entdeckt und mit ihr die Zurückgebliebenen. Was geschah mit den 2 500 Zuginsassen, die wie vorgesehen in Deutschland ankamen? Ich weiß es nicht. Zeugnisse der Zurückkehrenden sind rar. Ich persönlich habe von den 2 500 nur drei lebend wiedergesehen.“

Nach Paris zurückgekehrt, konnte Abbé Le Meur sich in einem Pfarrhaus versteckt halten, obgleich er in Abwesenheit zum Tode verurteilt worden und auf seinen Kopf eine hohe Belohnung ausgesetzt war. Kurz nach der Befreiung übernahm Le Meur zusammen mit Abbé Rodhain die seelische und leibliche Betreuung der heimkehrenden französischen Kriegsgefangenen, Internierten, KZ-Insassen und Arbeiter. Als dies Werk getan war, weitete Le Meur seine Tätigkeit kurzerhand auf die deutschen Kriegsgefangenen aus. Begreiflicherweise war Le Meurs Meinung von den Deutschen nicht besonders gut. Sein Kontakt zu Stock in Fresnes blieb von ausgesprochen kühler Reserve bestimmt. Kardinal Suhard war es, der ihm nach Aussagen von P. Brass die Augen öffnete: Trotz aller Schrecken und Unzuträglichkeiten gelte es, das *Ganze* zu sehen. Die religiöse Erneuerung Deutschlands sei ein Gebot des Augenblicks, zwangsläufig müsse ihr eine politische Renaissance folgen. Es gehe darum, den Deutschen zu helfen, daß sie ihren Weg fänden. P. Brass, der mit Le Meur jahrelang freundschaftlich verkehrte, berichtet, Le Meur habe seitdem „auch die letzten chauvinistischen Züge konsequent abgelegt". Mit eigener Hand habe er 1946 die Trikoloren hinter dem Altar seiner Pfarrkirche in La Villette entfernt und dazu bemerkt, politische Fahnen hätten in einer Kirche nichts zu suchen.

Von Le Meur stammte der Satz, der im Juni 1945 in den „Messages de l'Aumônerie" erschien: „Wir haben heute kein Recht mehr, uns über die deutschen Konzentrationslager zu beklagen, wenn wir die deutschen Kriegsgefangenen derart behandeln."

Die Haupttätigkeit der deutschen Lagerpfarrer bestand damals darin, Tote zu begraben. Wöchentlich starben Hunderte von Gefangenen vor Hunger und Erschöpfung. Die Ernährungslage in Frankreich war schlecht; trotzdem ließ man sich von den Amerikanern immer neue Gefangene ausliefern. Nicht lange danach erhielt Le Meur den Besuch des Chefredakteurs der Pariser Zeitung „Le Monde", der seinen Artikel in „Messages..." gelesen hatte. Le Meur konnte ihm anhand zahlreicher Unterlagen beweisen, wie es in den Lagern der deutschen Kriegsgefangenen aussah. Bald darauf erschien in „Le Monde" ein die französische Öffentlichkeit alarmierender Artikel: die Lebensverhältnisse in den Lagern seien katastrophal und nicht länger zu verantworten. Einen Tag später wiederholten „Le Soir" und „Paris Soir" die Vorwürfe. Jetzt begannen die Verhältnisse sich zu bessern. Der französische General des Kriegsgefangenenwesens Boisseau vereinbarte mit Le Meur ein Statut, das die Organisation der Lagerseelsorge in ganz Frankreich regelte und den Lagerpfarrern beträchtliche Freiheiten einräumte. Sie konnten zum Beispiel mit Zivilkleidern die Arbeitskommandos im größeren Umkreis der Camps besuchen und erhielten zu diesem Zweck eigene Fahrräder. Die Verpflegung besserte sich, wenn auch nur bedingt und langsam.

Der Kriegsgefangenenseelsorge und dem Gespräch mit Suhard entsprang Le Meurs Plan, gefangene Kandidaten der katholischen Theologie in einem eigenen Lager zu sammeln. Hier würde es ihnen leichter fallen, sich für ihren Beruf offenzuhalten. Die übrigen französischen Organisatoren des Plans „übersahen keineswegs die Möglichkeit, die sich ihnen hier bot, auf eine beträchtlich große Auswahl junger Deutscher französisches Denken auszustrahlen" (Einleitung zum „Rapport sur les activités culturelles au Séminaire P.G."). Im Laufe von Monaten sollte sich aus all dem das endgültige Konzept eines geregelten Studiums hinter Stacheldraht entwickeln. Der erste konkrete Schritt dazu war die Berufung Franz Stocks zum Regens des künftigen Theologenlagers. Seine Zusage wurde dankbar aufgenommen. Le Meur hatte Stocks Ernennung buchstäblich ertrotzen müssen. Der von militärischer Seite vorgesehene Regens war der in französischer Uniform auftretende Benediktinerabt Raphael Walzer, der nach seiner

Flucht vor dem Krieg die französische Staatsbürgerschaft angenommen hatte. Le Meur drohte, er würde sein Amt als Generalaumônier zur Verfügung stellen, wenn Stocks Kandidatur fallengelassen würde. Kurz darauf wurde sein Vorschlag angenommen.

Am 10. April 1945 holte Abbé Le Meur Franz Stock nach Paris. Am nächsten Tag besuchten sie gemeinsam Abbé Rodhain in der Rue Cherche-Midi. Rodhain unterstützte mit seinem weitreichenden Einfluß Le Meurs Bemühungen um das Gefangenenseminar. Am 12. April empfing Kardinal Suhard den eben ernannten Regens mit einer Umarmung. Kurz darauf suchte Stock General Boisseau auf, der ihn betont herzlich begrüßte. Von dieser Seite sollten ihm künftig keinerlei Schwierigkeiten entstehen.

Wenige Tage nach dieser Unterredung sprach Stock zwei Stunden lang mit dem Apostolischen Nuntius, dem späteren Papst Johannes XXIII. Er sagte Stock und dem Seminar seine Unterstützung zu. Unter dem Eindruck der zurückgekehrten KZ-Insassen und Kriegsgefangenen war das Beginnen, so arm und bescheiden es war, fast ein Wunder. P. Brass, der unzählige französische Rückkehrer im Hof der Aumônerie Générale um Hilfe anstehen sah, berichtet, eine ganze Anzahl von ihnen sei vor Erschöpfung und Entkräftung an Ort und Stelle gestorben. Wohl nie war die antideutsche Stimmung in der Bevölkerung so stark gewesen.

Für das Seminar war ein Gefangenenlager in Orléans vorgesehen. Am 24. April 1945 begleitete Abbé Le Meur Stock nach Orléans. Er traf bereits 28 Theologen an und löste den stellvertretenden Leiter Pfarrer Schäfer ab. Das Seminar bestand aus sieben kahlen Zimmern in der dritten Etage einer Kaserne, die man in ein Lager verwandelt hatte. Hier waren rund 3 000 Gefangene untergebracht. Lagerkommandant war Capitaine Pourrit. Anton Heuchemer, der zu den ersten Seminaristen gehörte, schreibt in seinem Tagebuch: „Die Verpflegung ist grauenhaft schlecht. Es gibt zweimal am Tage gekochte Runkelrüben ohne Salz, dazu 350 gr. Brot und morgens schwarzen Kaffee... Endlich, Anfang Mai, kommt Regens Franz Stock. Abbé Le Meur, der ihn hergebracht hat, macht uns große Versprechungen, aber es bleibt alles beim alten, besonders in der Verpflegung. Am Montag nach seiner Ankunft beginnen die Vorlesungen, und damit beginnt das Seminar zu leben. Lic. phil. Paul Wenzel liest Logik, cand. theol. Franz Rochels Fundamentaltheologie und Neues Testament, Regens Stock Liturgik, Kirchen- und Kunstgeschichte, Dr. Franz Steiner Dogmatik und Dr. Leopold Lentner Moral und Kirchenrecht."

Schon nach kurzer Zeit war das Seminar mehr als ein Sammellager für künftige Theologen; mit Stocks Eintreffen begann es sich zu einer Unterrichtsstätte zu entwickeln. Anton Heuchemer notiert weiter: „In der folgenden Zeit wird die Verpflegung noch schlechter... Die Kräfte lassen zusehends nach. Ich kann oft die letzte Viertelstunde den Vorlesungen nicht mehr folgen. Endlich, zu Beginn des Monats Juni, tritt eine Besserung ein. Verschiedene Quellen haben sich in der Stadt geöffnet. Durch Entgegenkommen des französischen Lagerarztes erhalten wir zunächst zehn Portionen Aufbaukost und später zwanzig... Der Regens ist nun wieder voller Hoffnung, daß alles wieder gut werde. Wir waren nämlich bei ihm gewesen und hatten ihm erklärt, daß es so nicht weitergehen dürfe, da wir sonst ernste gesundheitliche Schäden davontragen würden."

Anfang Juni wurde der Stundenplan erweitert. „Sogar von Examen hat der Regens schon gesprochen... Um die Verpflegung zu verbessern, soll nun jedes Kloster, Seminar usw. in Frankreich einen von uns quasi adoptieren und ihm Pakete schicken. Aber bis das anläuft, vergeht noch einige Zeit. Heute sollen wir 20 Kilo Brot erhalten, die in der Stadt für uns gesammelt wurden." Bald danach folgten die von den Dominikanerinnen (Boulevard Martin 20) vermittelten Pakete des „Secours Catholique". Diözesanseminar und Franziskanerkonvent von Orléans wetteiferten bei der Beschaffung von Liebesgaben. Mitte Juni brachte Abbé Le Meur einen von General Boisseau bestimmten elsässischen Priester ins Seminar, der die Verbindung zwischen der Aumônerie, den militärischen Dienststellen und dem Seminar zu halten hatte: Abbé Johnér. Er sollte diesen Posten als Mitarbeiter des Regens und Freund der Seminaristen bis zur Auflösung des Seminars im Juli 1947 bekleiden. Am 12. Juli kehrte Regens Stock von einem erneuten Besuch der Pariser Nuntiatur ins Lager zurück. Die Ankündigung des Nuntius, in nächster Zeit nach Orléans zu kommen, wurde skeptisch aufgenommen. Doch die ersten Liebesgaben französischer Klöster vermehrten sich. Am 16. Juli 1945 hatte sich die Zahl der Seminaristen auf 101 erhöht. Gleichzeitig tauchte das Gerücht auf, das Seminar würde nach Chartres verlegt. Am 6. August 1945 schreibt Anton Heuchemer in sein Tagebuch: „Gestern ist der Regens wieder nach Paris gefahren. Nun soll entschieden werden, ob wir nach Chartres kommen und wann. Abbé Le Meur, der nach Deutschland fuhr, ist zurück. Wir sind alle gespannt, ob er Post von zu Hause mitgebracht hat."

Der von Abbé Johnér stammende französische Lager-Rapport faßt die erste Etappe mit den Worten zusammen: „Die Anfänge des PG-Seminars waren geradezu heroische Zeiten... Es wurde hohe Zeit, Orléans zu verlassen. Die Kräfte aller Beteiligten waren am Ende." Man trug sich noch mit dem Gedanken, das Seminar in ein abseits gelegenes Schloß oder einen Konvent zu verlegen, da fiel die Entscheidung. Das Kriegsgefangenenseminar Orléans wurde im Block VI des Camps 501 Le Coudray bei Chartres untergebracht. Das geschah am 17. August 1945. „Man kann wieder frei herumgehen, ohne dauernd auf Leute zu stoßen. Vorerst liegen wir in einer Betonhalle, die später abgeteilt werden soll."

Die Ankunft in Le Coudray hatte einen militärischen Ak-

zent. Regens Stock meldete dem Kommandanten Oberst Laurent Gourut 160 angetretene Seminaristen. Jenseits des Stacheldrahts stand ihnen das Bild der Kathedrale vor Augen, die an drei Stellen des Lagers zu sehen war. Der Kommandant Laurent Gourut hieß sie herzlich willkommen und „stellte sie unter den Schutz der Gottesmutter". Zugleich äußerte er: „Sie werden schwere Tage haben. Wir wissen nicht, wie wir Sie ernähren sollen."
Wenige Monate später bekam Regens Stock in dem deutschen Lagerpfarrer von Le Coudray/Camp 501, Wilhelm Delbeck, einen treuen und zuverlässigen Helfer. Er übernahm das Amt des Subregens und vermittelte mit eisernem Willen und aszetischer Charakterprägung eine am heiligen Johannes vom Kreuz orientierte Spiritualität.
Von Delbeck und Johnér erfuhren die Dozenten, die treibende Kraft für die Verlegung des Seminars sei Kommandant Gourut gewesen. Man hatte den französischen Offizier nach Chartres versetzt, und er freute sich, ohne Zögern das tun zu können, was er für seine Pflicht hielt – menschlich, ja väterlich zu behandeln. Mitteilungen des verstorbenen Subregens Delbeck entstammt die folgende Charakteristik Gouruts: Als Kommandant Gourut noch vor Beginn des Seminars trotz großer Anstrengungen die Verpflegung nicht bessern konnte und zahlreiche Gefangene in Le Coudray starben, setzte er sich selber an die Betten der Sterbenden und betete mit ihnen. Viele deutsche Gefangene verehrten ihn. Delbeck faßte seine Eindrücke in den Worten zusammen: „Gourut hat hier eine Schlacht für Frankreich gewonnen." Damals befand Gourut sich noch in völliger Ungewißheit über das Schicksal seiner zwei Söhne, die nach Deutschland verschleppt worden waren. So wurde gleich von Anfang an ein österlicher Friede hinter dem Draht geschlossen. Zum Zeichen dafür blieben auf der Seminarseite die Wachtürme des Lagers unbesetzt.
Bereits zwei Tage nach dem Einzug am 19. August 1945 besuchte der Bischof von Chartres, Msgr. Harscouet, das

Lager. „Jeden einzelnen begrüßt er persönlich. Was das für uns bedeutet, kann nur der ermessen, der die harte Zeit in Orléans mitgemacht hat.“ Im Laufe der nächsten Monate richtete ein größerer Bautrupp von Maurern und Schreinern aus der ölverschmierten, fensterlosen Kfz-Halle, die man vorgefunden hatte, eine Kapelle her. Auf der neuverputzten Rückwand brachte er ein sieben Meter hohes schlichtes Holzkreuz an. Später malte Regens Stock auf diese Wand die Figuren Maria und Johannes, Michael und Bonifatius. Die rauhen Altarstufen verkleidete man mit Holztritten. Zuletzt wurden drei Altäre geschreinert. Holz, Sand, Mörtel, Steine und Zement hatte Aumônier Johnér „unter der Hand“ besorgt. Die ersten Bücher der neueingerichteten Bibliothek stammten aus dem Privatbesitz des Regens. Er bezog eine in den Ausmaßen winzige Baracke auf der Südseite des Blocks 6, während die Dozenten an der Ostseite die ehemaligen Revierbaracken zugewiesen bekamen. Die Seminaristen verfügten über eine riesige Betonhalle, die im Lauf der Monate August bis Dezember in Kapelle, Refektorium und Schlafsaal unterteilt wurde. Der äußeren Entwicklung entsprach die innere: Das Seminar wuchs buchstäblich aus dem Nichts heraus. Erst allmählich erhielt es seine Form. Der Stacheldraht verlieh ihm den Charakter eines Klosters mit unfreiwilliger Klausur. Sie schuf mit dem Vorteil religiöser Konzentration auch jene Gefahr, die man häufig an Klöstern ohne natürliche Verbindung mit der Welt wahrnimmt: eine schwärmerische Selbstbezogenheit.

Die Studienordnung wurde neu festgelegt und die Zahl der Dozenten vergrößert. Ein Vorkurs faßte diejenigen Seminaristen zusammen, die noch keine Hochschulreife besaßen.

Am 18. September 1945 traf der Apostolische Nuntius Msgr. Angelo Roncalli zu einem längeren Besuch des Seminars ein. Um 14 Uhr schritt er, von Exzellenz Harscouet, Regens Stock, dem Kommandanten und hohen Offi-

zieren begleitet, die Ehrenkompanie ab. Dann betrat er den Block 6. Man hatte in Eile versucht, „etwas Ordnung in den verwirrenden Haufen der herumliegenden Bauteile zu bringen". Die unfreundliche, kahle Betonhalle, das erstickende Halbdunkel (noch fehlten die Fenster), die muffige Luft und der „Haufen" abgerissener, hohlwangiger junger Männer – das alles erschütterte ihn sichtlich. Stock, noch halb krank, eben von einem kurzen Urlaub im Schloß der Gräfin Malherbe zurückgekehrt, begrüßte ihn und Bischof Harscouet mit versagender Stimme auf französisch, nachdem Dozent Paul Wenzel eine kurze italienische Ansprache gehalten hatte. Ein Teilnehmer des Empfangs schreibt: „Da erhob sich der Nuntius von seinem in letzter Minute aufgetriebenen dreibeinigen Sessel (das vierte Bein bestand aus einer schnell angenagelten Latte). Er sprach von dem begreiflichen Heimweh – er selber wolle seine Lieben nach fünfjähriger Trennung das erstemal wieder aufsuchen. Er wolle dann zum Heiligen Vater gehen, ihm unsere Grüße überbringen und Weihnachten wünsche er wieder bei uns zu sein: ‚Mon cœur est ouvert à vous'. Zusammen mit Exzellenz Harscouet segnete er uns dann, die wir niedergekniet waren." Erst um 5 Uhr verließ Roncalli das Seminar und besichtigte anschließend das gesamte Lager. Im Hauptrevier besuchte er die Kranken und war über ihren Zustand erschüttert. Von Regens Stock verabschiedete er sich mit einer Umarmung.
Am 18. Oktober eröffnete Stock mit einer Vorlesung über die „Renaissance catholique dans la littérature française" das Wintersemester. Wenige Tage später nahm ihn der Bischof von Chartres zu einem Treffen der „Ehemaligen" des Institut Catholique nach Paris mit. Erneut empfing ihn Kardinal Suhard und sagte unter anderem: „Ich danke Ihnen für alles, was Sie getan haben und jetzt noch tun für die gute Sache. Ich kann heute nicht kommen. Sie verstehen die Gründe. Aber ich werde kommen; ich habe es versprochen."

Am 31. Dezember 1945 zählte das Seminar 10 Priester, 4 Laienprofessoren, 37 Brüder und 375 Seminaristen; Anfang Januar 1946 war die Zahl der Seminaristen schon auf 429 gestiegen. Der erste Winter wurde unglaublich hart. Das Refektorium verfügte über zwei eiserne Öfen, die zwei Meter im Umkreis etwas Wärme spendeten. Schreiben konnte man nicht, weil die Finger zu steif waren. Wer sich schlafen legte, zog alle verfügbaren Kleider an. Der Gottesdienst in der Kapelle wurde zur praktischen Aszese. Die stundenweise geheizten Räume der Dozenten waren ein Zufluchtsort der Frierenden.
Anfang Januar erkrankte Stock und mußte sich durch Subregens Delbeck, wie später noch oft, vertreten lassen; denn er erholte sich nie mehr ganz und blieb fortan geschwächt. Die Krankheit (das schon im amerikanischen Gefangenenhospital als „cardiac insufficiency“ und „heart disease“ diagnostizierte Herzleiden) isolierte ihn. Aber er kapselte sich auch ab oder hielt sich betont an Dozenten und Seminaristen, die ihm lagen. Hier und da ging er, den Kopf vornüber geneigt, mit langer Soutane durch das Lager: eine Mischung von Sorge und Gelassenheit. Häufig lag ein Schleier von Traurigkeit auf seinem Gesicht. Im Grunde seines Wesens blieb er verschwiegen. Man ahnte nur, was ihn beschäftigte. Die Kommunität aber liebte an ihm vielerlei Züge von Herzlichkeit und Großmut. Manches ließ darauf schließen, daß ihn das Amt nicht nur physisch überforderte.
Unterdessen liefen die von Le Meur ins Leben gerufenen Patenaktionen weiter. Viele französische Klöster und Seminare versorgten ihre Schützlinge regelmäßig mit Büchern, Wäsche und Lebensmitteln. Bei diesen Hilfsaktionen übertraf das Seminar von Lisieux alle übrigen Seminare.
Seminaristen, die während des Krieges als Gefangene oder Zwangsarbeiter in Deutschland gewesen waren, taten sich besonders hervor. Ein Seminarist schrieb: „Wir haben Sie schon in unser Gebet eingeschlossen und werden Ihnen

oft schreiben, sogar in Ihrer Muttersprache, um Sie Ihre Gefangenschaft ein wenig vergessen zu lassen." Ein anderer äußerte: „Wir wollen dazu beitragen, über unsere Grenzen hinweg die Bande einer priesterlichen Bruderschaft wieder zu knüpfen, die durch den Krieg so traurig zerstört wurden."

Seit Ende April konnten jeweils 50 Seminaristen unter Bewachung zweier marokkanischer Soldaten einen Spaziergang in den nahen Park machen. Den am meisten Erholungsbedürftigen verschaffte Gräfin Malherbe von Zeit zu Zeit einen Aufenthalt auf ihrem 30 Kilometer von Chartres entfernten Schloß Le Thieulin. Im Laufe der Zeit konnten manche Seminaristen in Soutane und Baskenmütze die Kathedrale besuchen. Mitte Mai kam aus Lisieux der Neupriester Royong le Bars, um sein Primizamt unter den gefangenen Theologen zu feiern.

Am 16. Mai 1946 besuchte der Nuntius erneut das Seminar; einen Tag darauf feierte er in der Kapelle die Messe und reichte den 400 Seminaristen selber die heilige Kommunion. Roncalli betonte sein Wohlwollen und seine Hilfsbereitschaft; das anschließende reiche Frühstück für das gesamte Seminar war seine Gabe. Der untersetzte Mann, von italienischer Behendigkeit, verbreitete eine Atmosphäre von Zuversicht, heiterer Laune, schalkhafter Innigkeit und greifbarem Erbarmen. Bis zur Selbstvergessenheit leutselig, wirkte er wie das liebenswürdige Gegenteil eines kantigen Asketen, obgleich seine natürliche Frömmigkeit alles bewegte.

Im Juni 1946 veröffentlichte die amerikanische Zeitschrift „Time" zum erstenmal einen Artikel über das Lagerseminar. Am Patronatsfest des hl. Bonifatius feierte der Bischof unter Assistenz von Regens Stock in der Seminarkapelle ein Pontifikalamt. Kurz zuvor war ein eigenes Gymnasium eröffnet worden, dem 156 Seminaristen angehörten. Der französische Nationalfeiertag sah den Besuch des damaligen Armeeministers Edmond Michelet. Er suchte die kleine Baracke des Regens auf, und seine ersten Worte waren: „Monsieur l'Abbé, Sie haben mich in Fresnes besucht und getröstet. Heute komme ich, um Ihnen meinen Gegenbesuch zu machen." Michelet blieb zwei Stunden; eine Stunde nach seinem Besuch nahm er am Arc de Triomphe die Truppenparade ab. Mehrmals in den folgenden Monaten wiederholte er mit Frau und Kindern seinen Besuch. Vier Tage nach dem französischen Nationalfeiertag antwortete Stock in französischer Sprache auf das Schreiben des einstigen Häftlings von Fresnes Graf Jean de Pange:

„Sehr geehrter Herr Graf,
ich freue mich, Ihnen den Empfang Ihres Briefes vom 29. Juni bestätigen zu können und bitte Sie, meinen aufrichtigen Dank dafür entgegennehmen zu wollen. Sie sind so freundlich, noch einmal in Erinnerung zu rufen, daß ich Ihnen in einigen für Sie bitteren Augenblicken als Ihr einstiger Seelsorger von La Santé ein wenig nützlich sein konnte. Ich freue mich sehr, daß Sie die Prüfungen jener Tage mit Tapferkeit und ohne gesundheitliche Schäden überstanden haben. Ihr Lob verdiene ich nicht, denn ich tat nur meine seelsorgliche Pflicht, mehr nicht. Wenn ich während der vier Jahre das Los der vielen Häftlinge ein bißchen erleichtern konnte, so sehe ich doch keinen Grund zu irgendwelchen ‚Lobgesängen'. Ich bin auch heute glücklich darüber, denen helfen zu können, die jetzt in Elend und Not leben. Deshalb bleibe ich für eine ähnliche Aufgabe weiter freiwillig in Gefangenschaft; denn ich möchte meinen Teil zur Verwirklichung der Caritas unter den Menschen beitragen. Wie Sie wissen, bin ich Regens in einem Seminar kriegsgefangener Theologen nicht weit von Chartres. Es macht mir große Freude, die priesterliche Berufung derer zu hüten und auszubilden, die ihre Studien mitunter zehn Jahre lang unterbrechen mußten; dabei erfahre

ich die großherzige Unterstützung französischer Autoritäten.
Es ist eine gute Idee von Ihnen, den deutschen Offizieren im Lager Mulsanne geistige Unterstützung zukommen lassen zu wollen. Ich kenne das Lager nicht, aber ich könnte Ihnen einige Offiziere zeigen, die jetzt in unserem Seminar als Lehrer propädeutischer Kurse tätig sind: treue, intelligente und sehr fromme Katholiken. Von Ihnen erfuhr ich, daß das Lager fast ganz ignoriert würde, obgleich sich dort die deutsche ‚Intelligenz von morgen' – Universitätsprofessoren, Gymnasiallehrer, Schriftsteller, Ingenieure, Philosophen und Künstler befänden. Wenn man nicht will, daß sie für uns verlorengehen, dann muß man sich um sie kümmern. Denn auch nach ihrer Entlassung werden sie möglicherweise weiter miteinander zu tun haben. Ich freue mich deshalb besonders zu hören, daß eine Gruppe ehemaliger französischer Gefangener sich ihrer annehmen will. Hoffentlich sehen wir uns bald an einem Ort, der Ihnen erreichbar ist.
Ich bin allerdings nicht so frei zu fahren, wohin ich will. Mein Laissez passer ist auf Le Coudray und Chartres beschränkt. Für Paris brauche ich jedesmal eine Spezialerlaubnis.
Empfangen Sie, Herr Graf, meine achtungsvollen Grüße.
Stock."

Der erste Jahrestag des Stacheldrahtseminars sah den inzwischen wegen seines loyalen Verhaltens versetzten Lagerkommandanten Gourut wieder beim feierlichen Levitenamt: jenen Mann, der, wie es in Block 6 hieß, „den Mut besaß, gut zu sein". Gourut blieb einen Tag lang im Lager. Ende August trafen zwei aus Deutschland kommende Franziskaner, P. Bernhard Krebs und P. Theodor Baumann, als freiwillige Dozenten in Block 6 ein. Stocks Werbung, deutsche theologische Dozenten möchten sich zur Verfügung stellen, um den Eindruck eines geregelten Unterrichtsbe-

triebs zu festigen, hatte sich gelohnt. Im September wurden die 35 Insassen eines improvisierten PG-Seminars in Rivet bei Algier nach Chartres verlegt.
Zehn Tage später fuhr Regens Stock zu einem längeren Besuch nach Deutschland. In Neheim eingetroffen, überraschte ihn die Trauernachricht vom Tode seines Vaters, der einen Tag vor seiner Ankunft gestorben war.
Stocks Rückkehr Mitte Oktober fiel mit seinem 42. Geburtstag zusammen. Er brachte der Kommunität ein Geschenk mit: die Anerkennung des Seminars durch den Erzbischof von Freiburg und die Übertragung der Weihebefugnis für die Freiburger Diözesanen. In Stocks Ansprache an die Seminaristen finden sich die Worte: „Die Erlösung aus Elend und Not kann kein menschlicher Sozialismus bringen, sondern der in der Liebe wirksame Glaube an Gott." Wer Stock künftig bei der durchschnittlich schmalen Mahlzeit das Brot und die Blechschüsseln segnen sah, entdeckte einen leidenden Menschen. Bald war wieder ein ehemaliger Häftling aus Fresnes zu Besuch: Stocks früherer Studentenpfarrer aus dem Institut Catholique, Heeresbischof Picard de la Vacquerie. Seine Antwort auf die kurze Ansprache des Regens enthielt den Satz: „Eine Lösung in der Zerrüttung unserer Tage gibt es noch, eine Karte ist noch zu spielen: sich verstehen, kennen und lieben."
Ende Oktober konnte Msgr. Harscouet zwei Seminaristen aus der Diözese Rottenburg zu Diakonen weihen. Während der Weihehandlung traf überraschend der deutsche „Flüchtlingsbischof" Kaller aus Ermland ein, der über Paris nach Rom reiste und Le Coudray nicht übergehen wollte. Er wohnte der Weihehandlung bei; seine Worte an die Seminaristen fanden großen Beifall. Am 29. des Monats verabschiedete sich Abbé Le Meur, zu neuen Aufgaben berufen, vom Seminar. Ein Sprecher der Seminaristen drückte bei dieser Gelegenheit aus, was man nicht allgemein begriffen hatte: „Sie sind einer von jenen, die nach Christi Willen die Zeichen der Zeit geschaut, verstanden,

und dieser Erkenntnis entsprechend an uns als guter Hirte gehandelt haben."

Das am 10. Oktober eröffnete Wintersemester brachte wieder den normalen, anstrengenden Studienbetrieb. Er schloß mit dem Examen ab. Daneben hörte die Kommunität Vorträge von Abbé Viollet über das Ehe- und Familienproblem in Frankreich und von Abbé Gray über die „Mission de France". Pater Yves Congar O. P. beschloß die Reihe mit zwei Vorträgen über das Laienapostolat in der Kirche: „Allein der ganze Leib Christi, den sein Geist beseelt und sammelt, kann das Wort Christi beseelen und erfassen." Aus einem späteren Vortrag über die ökumenische Frage verdient der letzte Satz festgehalten zu werden: „Nach und dank der Wiedervereinigung wird die Kirche anders und besser sein, als sie es jetzt ist."

Zum Weihnachtsfest wurden die Seminaristen mit einer persönlichen Botschaft von Reinhold Schneider beschenkt. Sie trug die Zueignung: „An die Theologen in der Gefangenschaft" und den Titel : „Von der Gefangenschaft und der Freiheit des Christen." Sie soll hier wiedergegeben sein: „Diese Zeilen möchten nur ein Wort des heiligen Augustinus zu Euch tragen. Es handelt von unser aller Gefangenschaft, den Leiden des Gottesstaates, der hervorgeht aus der Liebe zu Gott und umschlossen ist von Babylon, dem mächtigen Staate der Liebe zur Welt: ‚Es frage sich also ein jeder, was er liebt, und er wird finden, wessen Bürger er ist; und fand er den Bürger Babylons, so rotte er aus die Begehrlichkeit, pflanze die Liebe: fand er sich aber als Bürger Jerusalems, so dulde er die Gefangenschaft, hoffe die Freiheit.' – Ihr müßt diesen Winter in der Fremde ausharren und das Schicksal Eurer Mitgefangenen teilen; aber von Euch wird diese Gefangenschaft als ein Opfer verlangt, unter Zustimmung Eures Willens; der große Beruf, dem Ihr entgegengeht, zu dem Ihr, wie wir innig wünschen, erwählt worden seid, bedeutet ja nicht allein ‚die Verwaltung der Geheimnisse Gottes'; Ihr sollt auch sein ein ‚offen daliegender Brief Christi‘ (2. Kor. 3,3), und in einem besonderen Sinne ‚alles was Ihr tut, von Herzen tun, als wie dem Herrn und nicht den Menschen‘ (Kol. 3,23). Ihr seid der Anfang des Gottesstaates, der, wie der große Bekennerbischof sagt, in zeitlicher Vermischung mit dem Weltstaat ausharren muß. Denn ‚mitten in dieser Welt sind die Bürger beider Reiche durcheinandergemischt: der Leib des Erd-Reiches und der Leib des Himmel-Reiches ist vermischt‘.

Diese Vermischung, die Gefangenschaft des Gottesreiches im Erdenreich, erfüllt diese Weltzeit, macht die Geschichte aus, in der Ihr steht, der großen Geschichte freilich, in der Ihr mit vollem Bewußtsein stehen müßt. Es ist die Geschichte, die über den Aufgang und Untergang der Staaten dem jüngsten Tage entgegeneilt; ihre Zeichen müßt Ihr erkennen in der Zeit, in ihr Euch opfern, sie unbeirrbar verkünden durch Euer Wort und Leben, in diese Geschichte die Menschen hinüberziehen. Und in ihr seid Ihr frei, auch als Gefangene, wenn Ihr diese Gefangenschaft aufopfert um Eures künftigen Amtes willen, in der Vorbereitung auf die gewaltigen Aufgaben, die Euer harren. Und je schwerer das Opfer ist – wir wollen uns wahrlich nicht an ihm versündigen und es geringer nehmen, wir, die wir das unverdiente Glück haben, aufblicken zu dürfen zu den Bergen und auch in den Nächten unserer Sorge das Rauschen des vertrauten Baches vor dem Hause zu hören: je schwerer dieses Opfer ist, um so eher wird es dazu helfen, Euch so frei werden zu lassen wie Ihr werden sollt, Bürger des himmlischen Jerusalems, die sich in Stunden schwerster Entscheidung, wenn die beiden Reiche zusammenstoßen, unbeirrbar entscheiden für den Gottesstaat. Auch seid Ihr der Heimat sehr nahe, wenn Ihr Euch entschließt, dieses Opfer zu bringen; auf Opfern, den gebrachten und denen, die noch gebracht werden und vor allem auf den verborgenen, ruht ihre große Hoffnung. An irdischem Trost ist sie nicht mehr reich; aber das bedeutet doch nur, daß sie nun

wirklich angewiesen ist auf das Übernatürliche; daß ein ganz neues Leben sich aus ihr erheben müßte. Das ‚Verwandelt Euch', das über allen Gräbern, allen Leiden dieser Zeit, über den zertrümmerten Städten steht, heißt ja nichts anderes als: ‚Opfert Euch selbst. Wartet nicht, bis andere sich opfern. In Euch – in Dir, in Dir allein muß das neue Leben beginnen. Du mußt gestorben sein in dieser Zeit, wenn Du sie überleben sollst: hinübergestorben in das Gottesreich. Das ist die große Gnade ihrer Not.'
Aber Jerusalem und Babylon stehen einander nicht nur in der Zeit gegenüber, sondern in einem Jeden. Und erst wenn Ihr Babylon im Herzen ausrottet, könnt Ihr die Gefangenschaft in Wahrheit erdulden, die Freiheit erhoffen. Babylon: das sind nicht allein die Mächte der Sünde, des Hanges zur Welt und zu uns selbst; es ist auch die innere Neigung zu allen Verhängnissen dieser Zeit: die Vergötzung der Hoheitszeichen, die Menschen errichtet haben, der Waffen, der Ehre, von der das Evangelium nichts weiß; Babylon ist auch die Trägheit des Geistes, des Herzens, die da meinen, das Morgen gleiche dem Gestern und sich nicht bereiten können für den Sturm, für die herrliche Freiheit des täglich neu aufbrechenden Lichtes, des immerdar im Kommen stehenden Gottesreiches. Es hat, seit es gegründet ward, fort und fort einen anderen Priester gefordert. Wir unterfangen uns nicht, die Gestalt des Priesters von heute oder von morgen zu beschreiben.
Gewiß aber ist, daß er frei sein muß zu heiligem Gehorsam, wenn der Herr der Zeit vorüberkommt, aus dieser Zeit und für sie ihn zu wählen, damit der Herr die Zeit besiege, sein Vermächtnis an ihr und in ihr Gestalt gewinne. Wo der eine, Unwandelbare, wie Augustinus sagt, ‚noch in Mühsal ist und duldet von Saulus', wo Christus hier ist ‚in Not, Christus hier in der Fremde, Christus hier krankend, Christus hier in Kerker eingeschlossen': wo Seine Macht offenbar werden soll, sichtbar-verborgen, auf neueinmalige Weise, in der Überwindung der Zeit: da muß

auch die neue Gestalt des Priesters sich bilden. Er muß Christus in Not sehen, Christus im Kerker – und vielleicht muß er sich selbst in Gefangenschaft geben, um den gefangenen Herrn zu befreien.

Denn Gott ist, wie Pascal sagt, ‚sichtbar denen, die ihn aus ihrem ganzen Herzen suchen, und verborgen denen, die ihn aus ihrem ganzen Herzen fliehn': heute und hier ist Christus in Not, unter den gefangenen Brüdern, den verblendeten Völkern, den von Haß verfinsterten Seelen. Die Liebe, die nach Ketten verlangt, wird zu ihm dringen. Sie wird dem gefangenen Bruder, der Christus nicht sehen will, sagen, wer Herr ist – und vielleicht wird der Bruder erstarken und sich befreien, indem er sich für Christus, der in ihm gefangen ist, entscheidet. Darum müßt Ihr unter den Gefangenen sein und ausharren – und wenn die gegenwärtige Phase der Gefangenschaft endet, wie wir von Herzen wünschen, so werdet Ihr wohl wieder unter Gefangenen leben müssen und Christus im Kerker sehen. In der heutigen Not aber sollt Ihr Babylon den völligen Untergang bereiten in Euren Herzen: die Not von morgen wird noch eine größere Kraft von Euch erwarten.

Denn Ihr dürft denen nicht glauben, die meinen, die Not sei bestanden und in der Heimat erwarte Euch Friede. ‚Wenn Du meinst, nicht Bedrängnisse zu haben, so hast Du noch nicht angefangen, Christ zu sein.' Ein solcher Glaube, daß es ein Christentum ohne Bedrängnisse gebe – und ein Christentum, das unter ihnen nicht immerfort neu werden müsse –, würde untrüglich die Herrschaft Babylons anzeigen, und die Heimat ist bedeckt von Babylon. Ihr aber dürft nicht Babylon nach Babylon tragen; gereinigt im Wissen von der Not der Stunde und in der Freude auf diese Not sollt Ihr zurückkehren. Wir haben die Kraft nicht, ohne Euch frei zu werden und uns für Jerusalem zu entscheiden. Wenn Ihr kommt, so werdet Ihr allenthalben einem Worte begegnen, dem die Menschen ausweichen oder über dem sie sich entzweien. Es ist das Wort von der Schuld, das die Welt zu unserem Volke gesprochen hat, das Wort des Unheils und Heils, das eigentliche Wort dieser Zeit. An ihm scheiden sich die Geister. Da es nicht möglich ist, es auszusprechen, ohne ein klares Bekenntnis abzulegen, so bekennen wir: ein Volk ist verantwortlich für seine Geschichte und schuldig an ihr. Einem jeden Volke ist ein Anteil an Erdenmacht gegeben, die es verwalten muß, es ist verantwortlich dafür, daß diese Macht in gerechten Händen ruht. Der Böse verlangt nach dieser Macht und sucht sie dem Volke abzulisten, vielerlei, Gutes und Schlimmes versprechend, vieles verbergend. Das Volk muß von solcher Versuchung wissen und muß ihr widerstehen: das ist seine Verantwortung vor Gott und der Welt. –

Nun ist es nicht an Euch, ein *Urteil* auszusprechen. Aber Ihr müßt an die Gewissen rühren, ohne zu ruhen: Ihr dürft Euch nicht abfinden lassen mit einem groben Bilde der Schuld, als ob *die* nur schuldig seien, die mit ihren Händen eine Untat begangen haben – und *die* etwa nicht schuldig wären, die gestern die Untat im voraus gedacht, ihr sich zugeneigt haben. Ihr müßt den ganzen Bereich des Gewissens wieder beleben, Schmerzen erwecken, wo keine mehr gefühlt werden, weil sie zu lange schon übertäubt worden sind. Vom absterbenden Nerv des Gewissens, von nicht mehr vollzogener Verantwortlichkeit, wird alles Leben vergiftet. Es ist keine Gesundung, keine Wendung als in der Begegnung mit der Schuld.

Aber über sie ist das Gewissen gesetzt; wo es nicht klagt, wird keine Anklage gehört, beherzigt. Jerusalem: das Heilige, das Gott gehört, wird anheben auszugehen aus Babylon ‚zuerst dem Herzen nach durch das Bekenntnis der Ungerechtigkeit und die Liebe zur Gerechtigkeit'. Eure Sache ist es, die Gewissen auf die Spuren der Schuld zu führen und es nicht zuzulassen, daß um irgendeines Vorteils willen das Gewissen auf das Recht seiner Anklage verzichtet. Die Not des vergewaltigten Gewissens war ja die größte Not der vergangenen Zeit; und ihre furchtbarste Sünde war die Lüge, daß die Macht ein Recht über die Gewissen habe. Diese Lüge dürft Ihr nicht dulden. Man wird Euch sagen, es sei nicht klug, nicht statthaft, von der Not des Gewissens zu sprechen; man könne sie allenfalls im stillen austragen, dürfe sie aber nicht eingestehen.

Die so reden, verleugnen die Wahrheit, mißdeuten die Zeichen der Zeit. Denn die erkannte Not allein wirkt Besserung und nur die Besserung Achtung. Von der Not zur Sühne, von der Sühne zur Wandlung in Geduld führt der schmale Pfad derer, die sich Achtung erwerben werden.

So groß die Not ist und noch werden mag, so ist doch kein Wort so weise wie die Mahnung zur Geduld. Wollte Gott es, daß es einmal das himmlische Jerusalem wäre, das in Eurem Volke gefangen läge: dann könntet Ihr ohne Furcht das Amt verantworten, das Ihr empfangen habt!

Habt Ihr Babylon zerstört in Euren Herzen, so helft Eurem Volke, sich nicht verwirren zu lassen vom Lärme Babylons, vielmehr es zu wagen, im Vertrauen auf die Macht Jerusalems fromm und wahrhaftig zu sein. Ihr könnt Christus nicht anders dienen, als indem Ihr sein Anliegen an die Zeit zu ergründen, zu erfüllen sucht: wo Ihr Ihn im Kerker findet, müßt Ihr den Kerker aufbrechen, wo Seine Herrschaft verleugnet, verschwiegen wird, da seid Ihr die bestellten Zeugen seiner Macht. Euer Leben ist, auch am ärmsten Platz, ganz in das Große gerichtet. Die ablaufende Weltzeit strömt durch einen jeden Eurer Tage. Wo die vermischten Reiche sich scheiden sollen, da steht Ihr in Dienst und Verherrlichung, Opfer und Sühne, Wahrhaftigkeit und Geduld: vielleicht als die ersten Pfeiler einer Brücke, die der Baumeister der Geschichte entworfen hat über künftige Jahrhunderte hinweg. Ihr wißt nicht, wohin sie führt, wen sie tragen soll. Aber Ihr seid an einen heiligen Ort gerufen, und wenn Ihr tragt, und sei es fast über Eure Kraft – und auch ganz im verborgenen, bescheidensten Dienst –, so tragt Ihr doch den Zug der Geschichte,

die zur heiligen Weltgeschichte wird. Indem Ihr Euch heiligt für Christus, setzt Ihr einen Anfang der Heiligung in Eurem Volke. Die Leiden, die Schmerzen der Heimat sollen nicht weichen von Eurem Gemüt, der gespenstische Umriß zertrümmerter Städte nicht vor Euren Augen; Ihr kommt, wenn Ihr heimkehrt, in kein glückliches, in ein furchtbar verwandeltes Land. Daß die Not eine Wandlung unter der Gnade erwirke, das gehört zu dem großen Auftrag, der an Euch gefallen ist. Und wenn je ein Geschlecht begnadet war – da wir die Gnade doch messen müssen am Gewicht des Auftrags, der Verantwortung –, so seid Ihr begnadet, wie es wenige waren. Daß so vieles niedergerissen ist, kann ja nur heißen, daß weit mehr beginnen soll, aber nicht vielerlei, sondern Eines: Gottes Reich in uns; die Glorie Christi, welche Glorie die Kirche ist.
Und so nehmen wir noch ein Wort des heiligen Bekenners zum Troste – hat er doch, als das männliche Vorbild des Priesters, in der Geschichte sie und ihre Not wie wenige Priester erfahren und erforscht. Er benannte die Schmerzen, die uns zu benennen nicht ziemt, die Ihr aber wohl erfahren möget: ‚Dulde das Unkraut, wenn du Weizen bist; dulde die Spreu, wenn du Korn bist; dulde die schlechten Fische im Netze, wenn du guter Fisch bist…‘ Und: ‚ob schon in dir Frucht sei, erkennst du, wenn du mit den Guten das Unkraut duldest bis zur Ernte: weil du mit den Schlechten zur Zeit sein kannst, nicht für ewig‘.
Laßt die schreckliche Frage nicht von Euch gelten: ‚Warum hast du vor der Zeit der Ernte auch Korn mit dir ausgewurzelt?‘ Bedenket vielmehr das Wort: ‚Um so kräftiger bist du, die andern auszuhalten, je mehr du nichts hast, was in dir die andern aushalten müssen.‘ Die Sprache einer großen Verheißung scheint uns durch diese Zeit zu dringen; daß sie so vieles neu will, ist ein deutliches Zeichen, daß Christus im Kommen ist. Opfert Euch Ihm entgegen! Leidet Euch zu Ihm hindurch! Der Trug einer Macht ist gefallen; die wahre Macht ist offenbar. Eure Gefangen-

schaft ist nur ein Bild – in dem Sinne, in dem es Bilder und Schatten waren, aus denen Newman, wie sein Grabstein sagt, in die Wahrheit ging. Eure Freiheit in der Gefangenschaft kann und muß sein: der Euer Volk jetzt und hier ergreifende Aufgang der Freiheit Jerusalems, mit deren einstiger Vollendung die Weltzeit der Gefangenschaft Christi und damit alle Gefangenschaft enden wird."
Der Brief schloß mit dem Sonett:

„Wer duldet, steigt empor. Die Unrecht tragen
Sind groß im Schweigen. Büßer überstehn
Des Volkes Schande, und Gestürzte sehn
Den Herrn der Zeit und dürfen von ihm sagen.

Nun ist die Seele alles, Leid zu wagen
Um Welt und Zeit das mächtigste Geschehn.
Wo er entbrannte, muß der Haß vergehn,
Und Recht erringen, die sich selbst verklagen.

Und über Schuld und Buße, Leid und Demut reicht
Der Seele andres Land. Dir reift ein Wort
Mein Volk, von Nacht und Tod, die Dich geschlagen.

Eh noch der Stunde große Gnade bleicht,
Ergreife, was Du bist! Dein letzter Hort:
Das ist die Wahrheit, die Du wagst zu tragen."

Fünf Tage nach Weihnachten machte Nuntius Angelo Giuseppe Roncalli den versprochenen zweiten Besuch. Dabei fanden die Erwartungen auf baldige Heimkehr eine liebevolle und warme Würdigung. Er überbrachte die Grüße des Heiligen Vater und betonte, „das Seminar gereiche als Zeichen der Versöhnung und Verständigung sowohl Frankreich wie Deutschland zum Ruhm". Seine leise, eindringliche Stimme und sein versöhnlicher Humor prägten sich den Hörern ein.
Zu Beginn des Jahres 1947 machte der Bischof von Straß-

burg, Msgr. Weber, eine Fahrt nach Le Coudray. In seiner herzlichen Ansprache wies er auf die frühere Wirksamkeit Stocks hin. „Es ist meine Pflicht, Euren Regens, Herrn Stock, zu besuchen. Wir kennen uns schon lange, seit er in Paris in der deutschen Kolonie gearbeitet hat. Er hat manche Dienste zum Heil der Seelen geleistet, besonders in den Gefängnissen. Er hat vielen zum Tode Verurteilten die Segnungen der Kirche gebracht. Wir wissen das, und daher sind wir ihm sehr dankbar... Vergeßt auch den Bischof von Straßburg nicht. Ich werde meine Nachbarn, die deutschen Bischöfe von Freiburg und Speyer, grüßen."

Anfang Februar reiste Stock nach Deutschland und erhielt von einer Reihe von Heimatbischöfen die Anerkennung der Seminarstudien. Es sollte Stocks letzter Besuch in Neheim sein. Die ihn sahen, erschraken über seine schlechte Verfassung. Wiederholt äußerte er seinen Wunsch, „am liebsten in der Pfarrvikarie Oerlinghausen Ruhe und Vergessen" zu suchen. Der Abschied wurde ihm schwer.

Ende März 1947 schloß das Wintersemester; schon lange vorher lagen verbindliche Zusagen über die Auflösung des Seminars im März oder Mai des Jahres vor. Die Termine verschoben sich aber immer wieder. In diesen Tagen hielt Graf Jean de Pange einen bemerkenswerten Vortrag über das Verhältnis von Staat und Kirche in Frankreich, der in dem Satz gipfelte: „Erst um die Jahrhundertwende kam es zum Bruch zwischen Kirche und Staat, und damit begann die wahre Freiheit der französischen Kirche." Ihm folgten Vorträge von Chanoine Stourm, Mohammed Abd el Jalil und Abbé Heitz. Chanoine Stourm berichtete ausführlich über das im Jahr 1941 begonnene Werk der „Mission de France", die in jenen Jahren das hoffnungsvolle Unternehmen der Arbeiterpriester begann. Der Franziskaner el Jalil, früher Mohammedaner, äußerte: „Eine Bekehrung der Muselmanen kann nur durch das Beispiel erfolgen. Non in verbo, sed in opere." Abbé Heitz skizzierte mit erstaunlicher Präzision und großem Freimut die Situation der nicht-

katholischen Ökumene, der russischen Orthodoxie und der Una-Sancta-Bewegung.
Den Karsamstag des Jahres 1947 erlebte man mit Ergriffenheit. Am Morgen des 5. April, einem regendunstigen, später aufklarenden Tag, feierte der Apostolische Nuntius mit den Seminaristen die Karsamstagsliturgie. Dann weihte er mit Erlaubnis Pius' XII. zwei Diakone der Diözese Rottenburg zu Priestern. In der Theaterhalle des Lagers 501 empfing der Regens mit den Seminaristen ihn, den General des Kriegsgefangenenwesens C. A. Buisson, den Chef des Departements Eure et Loire und Bischof Harscouet. Stock hielt einen kurzen Rückblick auf die Seminargeschichte. Diesmal galt sein Dank vor allem General Buisson. Der General, der selbst fünf Jahre lang in Deutschland Kriegsgefangener gewesen war, streifte seinen Aufgabenkreis und erläuterte seine Vorstellungen über seine eigene Tätigkeit. Er bat die Heimkehrer, zu Hause vor allem dem Frieden das Wort zu reden: „Priester müssen besonders für den Frieden sprechen und den Frieden verwirklichen. Sie werden in Deutschland ein Hauptelement des Friedens werden müssen." Dann erklärte er die vorgesehenen Maßnahmen der Gefangenenrückführung. Nuntius Roncalli sagte unter anderem: „Hier haben Sie das Walten der Vorsehung erfahren. Jeder von uns lebt unter der Vorsehung. Christus gestern, heute und in Ewigkeit. Frieden, Freiheit und Liebe – sie werden der Triumph unseres Herrn Jesus Christus sein."
Bis zur Auflösung des Lagers am 5. Juni 1947 und dem Heimtransport jener Insassen, die nicht schon vorher mit Sondertransporten nach Hause zurückgekehrt waren, empfing das Seminar noch manchen Besucher. Erneut überbrachte Stocks Freund Heinrich Höfler, dem das Lager den Beistand des Caritasverbands verdankte, persönliche Grüße von Reinhold Schneider: „Ein schwer begonnener Weg soll in der Zuversicht der Kinder Gottes zu Ende geführt werden..." Über die Heimat äußerte Höfler: „Je-

den Tag steht über unserem Volk das Misereor super turbam. Denken Sie, liebe Freunde, in Ihrem Leid an die suchenden Menschen. Dann werden Sie die Tage segnen, die Sie hier verbringen. Denn Gefangener war ja auch der Herr." Noch einmal sah das Seminar zwei Besucher – den Bischof von Mainz, Dr. Stohr, und Kardinal Suhard, der gemeinsam mit den Seminaristen das heilige Opfer feierte. Dann kam der Tag der Auflösung. 949 Dozenten, Priester, Brüder und Seminaristen waren im Seminar gewesen, beim Abtransport waren es noch 369. Die letzten Zeilen eines Widmungsgedichts von Reinhold Schneider für die Theologen von Chartres lauten:

„Den königlichen Sinn der großen Zeiten
Das Priestertum, das von der Welt nicht läßt,
Es sei die Welt des Königs denn und Herrn,
Seid Ihr gerufen, streitend auszubreiten,
Euch wirkt der Geist ein glühend Opferfest,
Euch schützt des Meeres unbefleckter Stern."

Noch in seinen letzten öffentlichen Worten an die Dozenten verstand Stock es, den Dank für sein Wirken auf sie zu lenken. Es war mehr als ein Akt bloßer Bescheidenheit, als er freimütig äußerte: „Ich selbst konnte nur wenige Voraussetzungen für eine Aufgabe, wie sie mir vor zwei Jahren gestellt wurde, mitbringen. Daß dies Werk in den Augen der Heimat so dasteht und auch den kritischen Blicken standhält, ist Ihr Verdienst und Ihre Tat."

Das Gepäck war schmal, die Fracht guter und böser Erinnerungen schwer. Stock blieb zurück, um, wie er sagte, die Seelsorge der sogenannten freien deutschen Arbeiter in Frankreich zu organisieren. Die Seminaristen nahmen das Bild des ihnen am Lagertor nachwinkenden Regens mit nach Hause. Sie sollten ihn nie wiedersehen.

VIII. „Kein Name – ein Programm“

Franz Stock kehrte in die Rue Lhomond zurück. Der „Secours Catholique“ benutzte die meisten Räume. In dem ihm verbliebenen Zimmer schrieb Stock an seiner Seminargeschichte. Er fertigte eine Aufstellung „verschwundener Gegenstände“ an: wertvolle Bilder, Bücher, Schnitzwerke, Schränke und Tische, wichtiges Bürogerät: „Ich stellte bis jetzt fest, daß folgende Gegenstände verschwunden sind... 1. Schreibmaschine (groß) 2. Kopierapparat mit Papier und Matrizen 3. Filmvorführapparat...“ Er fühlte sich einsam, tat anderseits wenig, um mit den französischen Confratres, die sich als regelmäßige Mittagsgäste in der Rue Lhomond aufhielten, in Verbindung zu kommen. Noch mehr als früher wurde er zum Briefschreiber. In den letzten zwei Monaten seines Lebens schrieb er allein sechsmal nach Hause. Es steht fest, daß sehr viel mehr Briefe, in denen er sein Herz ausschüttete, nicht nach Neheim gingen. Am 16. Dezember 1947 empfing er die Nachricht seiner Ernennung zum Ehrendoktor der Universität Freiburg.

Am 5. Januar 1948 berichtete er nach Neheim : „Neujahr war ich ganz allein. Die geistlichen Herren waren alle, bis auf einen Jugoslawen (P. Feith), abwesend. Zu zweien haben wir uns ein Festessen bestellt wie zu Weihnachten. Und nun sind wir schon über die Schwelle des Jahres 1948 hinüber und es nimmt seinen Lauf. Gern wäre ich die Feiertage bei Euch gewesen. Das ist das erstemal in meinem Leben wohl – einmal war es ähnlich 1928 im Seminar in Paris –, daß ich Weihnachten nicht im trauten Kreis feiern konnte, keine Mitternachtsmesse, keine deutschen Weihnachtslieder. Das war ein Opfer. In Gefangenschaft war es jedesmal herrlich...“

Ende Januar 1948 besuchte ihn Heinrich Höfler. Gemeinsam suchten sie verschiedene Büros auf, um Stocks Angelegenheiten voranzubringen.

Stock spürte, daß man ihn hinhielt. Er konnte sich aber nicht entschließen, und es widerstrebte ihm wohl auch, die Konsequenzen zu ziehen. Auf einem seiner Behördengänge sagte er zu Höfler: „Frankreich und Deutschland müssen sich einigen, wenn sie am Leben bleiben wollen." In einem Brief vom 11. Februar 1948 äußerte er seinen Wunsch, nach Ostern einen Besuch zu Hause zu machen. Im gleichen Brief dankte er seiner Mutter dafür, daß sie zu seiner Ernennung gratuliert hatte: „Ohne eine gute Mutter wäre ich nicht das geworden, was ich heute bin." In seinem Brief betonte er seine ständige Verbundenheit „mit unsern lieben Toten", dem Vater und dem gefallenen jüngsten Bruder Heinz.

In dem für die Mutter bestimmten Zusatz seines letzten Briefes nach Neheim heißt es: „Gern ließe ich mich jetzt bei der Mutter etwas verwöhnen. Das tät dem großen Jungen mal wieder gut. Aber die Zeit kommt auch mal wieder. Darauf setzen wir unsere Hoffnung." Er war hilflos, müde und erschöpft.

Die Nachricht von seinem Tod am 24. Februar 1948 kam völlig überraschend. Die Neheimer hatten mit seinem Besuch, nicht mit seinem Tod gerechnet. Zu den Kondolenzbriefen zählten Schreiben der Pariser Nuntiatur, französischer und deutscher Bischöfe, ehemaliger französischer Häftlinge und deutscher Kriegsgefangener, mancher Mitstudenten und Pfarrangehörigen; Priester und Laien – alle bezeugten Anhänglichkeit und Dank.

Keine acht Tage nach dem Begräbnis waren verstrichen, da wurde Stocks Tod auch in Frankreich öffentlich wahrgenommen. Wer meldete sich zu Wort? Zunächst die Stimmen derer, die sich seine Freunde nannten.

Am 3. März 1948 (es war derselbe Monat, in dem ein Hirtenbrief der französischen Bischöfe erklärte, die Rückführung der verbliebenen 250 000 deutschen Kriegsgefangenen sei eine Gewissensfrage der französischen Katholiken) schrieb Graf Jean de Pange im offiziellen Organ der katho-

lischen Kirche Frankreichs „La Croix“: „Wievielmal... ist Abbé Stock mit den Todeskandidaten den Pfad hinuntergestiegen, der von der Kapelle des Mont Valérien zur Lichtung führt, wo die Erschießungen stattfanden.“
Am 5. März sagte ihm Edmond Michelet in „Le présent“ öffentlichen Dank; in seinem Artikel hieß es: „Man versteht sehr gut, wieviel Takt und unbefangene Kühnheit dazu gehört, die unermeßlichen profanen Hilfen mit der gewissenhaften Ausübung des priesterlichen Dienstes zu verbinden. Abbé Stock hat sich dieser doppelten Aufgabe mit Geschick entledigt, einfach weil er es inmitten unvorstellbarer Klippen verstanden hat, Priester zu bleiben.“
Joseph Folliet schrieb in „Témoignage Chrétien“: „Er ist plötzlich gestorben, körperlich müde und seelisch abgekämpft. Ich war weit weg von Frankreich; daher konnte ich ihm nicht die letzte Ehrung der Freundschaft erweisen, konnte nicht meine Gebete mit denen der Kirche vereinen, konnte ihn nicht auf den Gottesacker begleiten, wo er die Auferstehung erwartet. Als Deutscher schlummert er in französischer Erde; und als sein Tod bekannt wurde, hat man vielleicht in Frankreich noch mehr für seine Seele gebetet als in Deutschland.
Er hieß Franz Stock und war Priester Jesu Christi. Während des Krieges war er Seelsorger des Gefängnisses Fresnes. In diesem Vorzimmer des Todes, in dieser Filiale der Hölle verkörperte er die priesterliche Liebe, die – wie Gott und der Tod – weder Rassen noch Sprachen noch Nationen noch Grenzen noch Parteien kennt. Er tröstete, er klärte auf, er bereitete die große Reise vor für gläubige Katholiken, reumütige Laue, Kommunisten, die noch einen Funken christlichen Glaubens in sich trugen. Er stärkte sogar die unglücklichen Juden, denen er in den wenigen Minuten vor ihrer Hinrichtung, die ihnen verblieben, die schönsten Stellen aus dem Alten Testament vorlas...
Er war mein Freund. Ich hatte ihn in der Quickbornbewegung kennengelernt – einen großen, schlanken jungen

Mann mit blonden Haaren und sinnendem Blick. Er war ‚Gefährte des hl. Franz' und vertrat diese Bewegung jahrelang in Deutschland. Er war mein Mitschüler am ‚Institut Catholique' in Paris. Ich verlebte herrliche Ferien mit den Seinen, einer jener urwüchsigen Familien Westfalens – ganz Arbeiterfamilien, ganz christliche Familien – von jenem kernigen Schlag, den Hitler niemals kirre machen konnte. Er liebte sein Land und wußte es mit überzeugender Intelligenz zu vertreten. Er liebte auch Frankreich, das er wunderbar verstand. Der Krieg zerriß ihm das Herz... Und dann starb er. Mit 43 Jahren. Es war fast niemand bei seiner Beerdigung, vielleicht ein Dutzend Menschen. Man sagt, die Erfordernisse der Politik ließen die Teilnahme größerer Gruppen der Bevölkerung unerwünscht erscheinen. Armselige Politik! Armselige Politiker! – Ich spotte der Politik und der Politiker!
Und darum, Franz, in dieser Zeitung mit dem Titel ‚Christliches Zeugnis' sage ich dir öffentlich Adieu. Du hast dein Zeugnis abgelegt. Es beweist, daß selbst mitten im Schrekken, zwischen Grausamkeit und Verrat, die Kirche immer Früchte der Brüderlichkeit hervorbringt und daß, wie jener alte Spruch des ‚Sillon', den du so liebtest, es sagt, die Liebe stärker ist als der Haß.
Dafür, Franz, nimm unsern Dank! Und möge deine Seele Folterqualen und Hinrichtungen vergessen und im Himmel die Seelen der Helden oder der armen Menschen wiederfinden, die du instandgesetzt hast, vor Gott zu erscheinen" (Ausgabe vom 2. April 1948).
Deutsche und Franzosen besuchten künftig sein Grab auf dem Friedhof in Thiais. Stocks Sekretärin, Frl. Berlinghof, die nach seinem Tode nach Paris zurückgekehrt war und oft an seinem Grab weilte, schreibt: „Im Februar 1949 trieb mich eine innere Unruhe zum Friedhof. Als ich dort ankam, sah ich, daß die Totengräber die deutschen Kriegsgefangenen ausgruben und ihre Gebeine in kleine Kisten taten. Ich frug sie, ob die Kriegsgefangenen in den hinteren

Ecken, unter denen Franz Stock lag, auch wegkämen. Sie bejahten: ‚Bis morgen früh sind sie alle weg.' Ich sprach sofort auf dem Büro der Conservation vor, und sagte, daß ich von der Résistance käme und wir nicht wollten, daß Abbé Stock aus Paris wegkäme. Man gab mir zur Antwort, falls nicht noch am gleichen Tag eine Gegenorder von kompetenter Stelle käme, würde Abbé Stock im Zuge der Verlegung der kriegsgefangenen Toten ins Département Eure mit wegkommen. Mit einem Taxi, um keine Zeit zu verlieren, fuhr ich nach Paris zurück, und es gelang mir mit Hilfe einer hohen Persönlichkeit, eine Gegenorder zu erhalten."

Es war also einem Zufall zu verdanken, daß Stocks Leichnam in Thiais bestattet blieb. Dieser Umstand scheint Kräfte mobil gemacht zu haben, die vorher nicht auf den Plan getreten waren. Am 3. Juli 1949 hielt der ehemalige Häftling aus Fresnes, Abbé Pihan, im Pariser Invalidendom vor einer großen Anzahl von Mitgliedern der Christlichen Union ehemaliger Häftlinge und Deportierter eine Ansprache, in der folgende Sätze zu lesen sind: „Stock war zuerst Bürger des universellen Reiches der Seelen. Er hat mit seinem Sterben bewiesen, daß es keinen Abgrund gibt, den die christliche Liebe nicht ausfüllen könnte." In „La Croix" erschien eine Nachricht, die unverhoffte Konsequenzen hatte; da hieß es: „Der Leichnam Stocks ruht in Thiais. Seine Grabstätte ist total vernachlässigt. M. E. Le Meur, Pfarrer in La Villette, legt eine Subskription für eine würdige Grabstätte auf. Richten Sie Ihre Einzahlung bitte an M. l'abbé Le Meur." (Es folgen Adresse und Postscheckkonto.) Madame Ancelet-Hustache war die Urheberin eines größeren Appells in der Presse jener Landstriche, in denen die meisten ehemaligen Widerstandskämpfer wohnten. Am 8. September 1951 veröffentlichte „Paris Match" in einem Artikel über den französischen Widerstand einen längeren Hinweis auf Franz Stock. Auf Madame A.-Hustaches Presseappell hin meldeten sich etwa 500 Personen verschiedenster Gesellschaftsschichten. Bis zum 19. September 1951 zahlten sie 376 329 Francs auf das Konto von Abbé Le Meur ein. Die Spenden variierten zwischen 50 und 10 000 Francs. Damit konnte man ein größeres Denkmal errichten, die Kosten für die unbegrenzte Dauer der Grabinstandhaltung und noch Gelder für eine französische Broschüre über Stock aufbringen. Abbé Le Meur hatte den für die Angehörigen seiner Familie erworbenen Grabplatz zur Verfügung gestellt.

An einem milden Herbstabend, dem 27. Oktober 1951, versammelte sich eine größere Anzahl von Franzosen und Deutschen in der 9. Abteilung des Friedhofs Thiais vor dem neuen Grab, dessen Denkmal die Worte trug: „PAX für Franz Stock, Priester der Diözese Paderborn, 1904–1948, Aumônier der Gefängnisse Fresnes, La Santé und Cherche-Midi 1940–44, die dankbaren Familien der französischen Gefangenen und Hingerichteten." Auch die Vertreter des deutschen Generalkonsulats und der Universität Freiburg im Breisgau umstanden die Gruft. Nuntius Roncalli, auf dessen Kommen Le Meur sehr gehofft hatte, fehlte. Der Nachfolger des 1949 verstorbenen Kardinals Suhard, Kardinalerzbischof Feltin, nahm die Segnung des Grabes vor und „vermochte in seiner kurzen Ansprache die Zuhörer auf jenem gedanklichen Gipfel der Liebe und des Opfers zu halten, der parteipolitisches Gezänke und menschliche Bosheit überragt" (Jean Pélissier in „La Croix" am 30. 10. 1951). Im Namen der Deportierten hatte Msgr. Rodhain am Grab ein Blumenangebinde niedergelegt. P. Riquet S. J., Domprediger von Notre Dame, äußerte für die Häftlinge, die von 1940 bis 44 in Paris gefangengehalten wurden: „Das ist die Paradoxie, daß ein deutscher Priester sich mitten im Kriege zum Diener und Freund derer machte, die seine Regierung als die ärgsten Feinde betrachtete... Es ist wirklich geschehen, daß er so oft unseren Mut gestärkt, unsere Angst zerstreut hat. Er hat unseren Seelen geholfen, Gott in Frieden und in der Glut der Liebe wiederzufinden." Graf Robert d'Harcourt von der Académie Française bezeugte: „Im Namen der französischen Familien, die unter der deutschen Besetzung die Angst der Verhaftungen, die grausamen politischen Verhöre und den Todeskampf bei langwährender Haft in den Gefängnissen des Dritten Reiches erlebten, sei es mir gestattet, die letzte Ehre dem Mann zu erweisen, der alles tat, was die christliche Liebe und ein vornehmes Herz ihm eingaben, um Licht in die zerquälten Herzen zu tragen. Résistance, Widerstand – ein großes Wort, das ausgebeutet und verunstaltet worden ist durch die Leidenschaften der Menschen und das hier, vor diesem Grab, seine Größe in Frieden wiederfindet... Die Verbindungsrolle zwischen den französischen Familien der Gefangenen und den deutschen Behörden war gefährlich. Abbé Stock ermaß die Gefahren mit voller Klarheit in seinem Mut, den eine schwächliche und bedrohte Gesundheit nur verdienstlicher machte. Er war herzleidend und wußte es. Er machte sich keine Illusionen über die Verschlimmerung des Übels infolge der täglichen Angst, die ihm die übernommene Aufgabe brachte. Die christliche Brüderlichkeit machte ihn der deutschen Polizei verdächtig, und er mußte mit seiner Verhaftung rechnen – aber er entzog sich nie der Brüderlichkeit. Er wußte, es galt, seine Brüder in Christus zu lieben – bis zum Ende. Brüderlichkeit; damit ist das entscheidende Wort ausgesprochen. In den Franzosen, die von der Nazi-Polizei in die Gefängnisse geworfen wurden, sah Abbé Stock keine Gegner, sondern Brüder. Es gab nur noch die große Liebe Jesu Christi. Für diese erhabene Lehre, für soviel unvergeßliche Aufopferung sei es mir von diesem Grab aus gestattet, im Namen der französischen Familien, denen das Wort eines deutschen Priesters Trost in ihre Angst brachte, von Herzen Abbé Stock einen letzten Dank auszusprechen."

Man sprach das *De profundis*, dann rezitierte man das *Benedictus*, dessen letzte vier Verse lauten:

„Du aber, Kind, sollst der Prophet des Höchsten heißen,
denn du wirst hergehen vor dem Antlitz des Herrn,
Seinen Weg zu bereiten,
wirst die Kunde des Heils Seinem Volke bringen
in ihrer Sünden Vergebung,
durch die Herzenserbarmung unseres Gottes,
darin uns heimsuchen wird der Aufgang von oben,
die zu erleuchten, welche in Finsternis sitzen und Todesschatten,
und unsern Fuß auf den Weg des Friedens zu führen."

Fortan mehrten sich die Besucher am Grab. Sie kamen auch aus Deutschland. Hier hielten nicht nur Gruppen ehemaliger Theologen aus Chartres Stocks Andenken wach. Von Anfang an sah die internationale Bewegung „PAX Christi", wie P. Manfred Hörhammer es ausdrückte, „in ihm ihren großen Vorläufer und Täufer": „Als unsere französischen PAX-Christi-Freunde zum erstenmal in Kevelaer zu uns kamen, führten sie seinen Namen auf ihren Lippen. Er war die erste Brücke zwischen ihnen und uns. Mit seinem Einsatz hat er damals für uns die erste Legitimation erwirkt. Unsere französischen Freunde sehen Deutschland durch die Brille dieses deutschen Priesters."

Kurz nach der Einsegnung des Denkmals suchte eine Abordnung von 83 ehemaligen Theologen aus Chartres bei einer Dankwallfahrt zur Kathedrale von Chartres Stocks Grab in Thiais auf. Der ehemalige Subregens Delbeck führte sie an. Am Grab spendeten die jüngst geweihten Priester der Gemeinschaft den Primizsegen. Die Teilnehmer dieser Fahrt konnten auch manche französischen Freunde aus der Gefangenschaft wieder begrüßen: den früheren Lagerkommandanten Laurent Gourut, Abbé Pierre André, Abbé Georges Le Meur und den Bischof von Chartres Msgr. Radulph Harscouet.

Nuntius Roncalli empfing die Teilnehmer in seiner Pariser Nuntiatur. Abbé Le Meur feierte mit ihnen in Notre Dame eine Messe für den Frieden.

Als Kardinal Gerlier von Lyon ein Jahr später im überfüllten Auditorium Maximum der Universität Bonn über die Lage des Katholizismus in Frankreich sprach, gedachte er auch „mit ergreifenden Worten" des Priesters Franz Stock. Wiederholt wanderte Stocks Name künftig durch die Spalten der deutschen Presse. Der Rundfunk griff das Thema auf, nach einer Weile schloß sich das Fernsehen an. Auch die Heimatstadt wollte nicht länger zurückstehen und enthüllte eine Gedenktafel am Wohnhaus der Familie Stock in Neheim. Namhafte Vertreter deutscher und französischer Organisationen und Behörden beteiligten sich an dieser Ehrung.
Im Sommer 1959 unternahm eine Abordnung ehemaliger Insassen vom Camp 501 eine Pilgerfahrt nach Rom. Von da aus fuhren sie nach Castel Gandolfo. Bei Papst Johannes XXIII., dem einstigen Nuntius Angelo Roncalli, fanden sie eine überaus herzliche Aufnahme. Eine Stunde lang tauschte er mit ihnen Erinnerungen aus, ließ seine Brille holen und blätterte in einem Album mit Fotos aus dem einstigen Lager. Mehrmals fiel bei dieser Gelegenheit Stocks Name. Die dem Papst übergebenen Kelche ließ er an die Kirche Saint-Jean-Baptiste in Chartres weiterreichen, deren Altar, Tabernakel, Kreuz und Leuchter ein Geschenk der ehemaligen deutschen Theologen des Lagers sind.
Im September 1962 führte die Einweihung dieser Kirche im Stadtteil Rechêvres erneut französische und deutsche Kleriker und Laien zusammen. Es dauerte nicht lange, und man entschloß sich, Franz Stocks Leichnam endgültig in einer Seitenkapelle von Saint-Jean-Baptiste beizusetzen. Mehr Menschen als bisher sollten Gelegenheit bekommen, an seinem Grab zu beten und sich seines Wirkens zu erinnern. Pfarrer Père René Closset nahm die Mühe auf sich, den von französischer wie deutscher Seite kommenden Gedanken zu verwirklichen.
Am Vormittag des 13. Juni 1963 wurde Stocks Leichnam auf dem Friedhof Thiais exhumiert. Nach einer Bußan-

dacht und einem feierlichen Gottesdienst setzte man den Sarg in der Seitenkapelle bei. Bei der Feier auf dem Vorplatz der Kirche, an der französische und deutsche Bischöfe, Vertreter verschiedener deutscher Bistümer, der deutsche Botschafter in Frankreich, Repräsentanten französischer Widerstandsverbände und der Rat der Stadt Chartres teilnahmen, benannte Bürgermeister Pichard den Platz feierlich nach Stock.
Das alte Grab schließt eine Platte mit der Inschrift: „PAX. Ici a reposé Franz Stock. Prêtre Aumônier des prisons de Fresnes, Cherche-Midi et La Santé, Apôtre de la Paix. Né en Allemagne. Mort en France. 1904–1948. Inhumé en l'église Saint-Jean-Baptiste à Chartres 16. Juin 1963.“ Der französische Text des Totenzettels lautet in deutscher Übersetzung: „Franz Stock, Priester Jesu Christi, Gefährte des hl. Franz. Geboren in Deutschland, lebte und starb er in Frankreich, wo er Deutschen und Franzosen, Christen, Juden und Ungläubigen beistand, ein Bote des Friedens mitten im Kriege, ein Zeuge göttlicher Liebe in einer Welt voller Haß.“
Während der Pontifikalmesse am 16. Juni verlas Bischof Michon von Chartres ein Telegramm Papst Johannes' XXIII., das er noch wenige Tage vor seinem Tode an die Teilnehmer der geplanten Überführung Stocks richten ließ. Papst Johannes XXIII. sagte im Juli 1962 vor einer internationalen Pilgergruppe: „Wenn Wir ‚demütigen Sinnes‘ (Daniel 3,39) auf die verflossenen Jahre zurückblikken, wie vielen Priestern begegneten Wir da, die mitunter zu bescheidenen Ämtern und Aufgaben berufen waren – Ämter und Aufgaben, die aber doch große Verantwortung verlangten: Priestergestalten, deren lautere Pflichterfüllung in der Nachfolge Christi als ermutigendes Beispiel vor Unsern Augen steht. Unter diesen Priestern verdient Franz Stock die rühmende Bewunderung, die ihm entgegengebracht wird. Von ihm wird mit Recht gesagt, daß er sich, ohne jeden Vorbehalt und von opferfreudiger Gesinnung

getragen, Gott und den Mitmenschen hingegeben hat. Der Priester Franz Stock – Wir sagten es am Tag seiner Beisetzung, als Wir ihm die absolutio ad Tumbam spendeten – das ist nicht nur ein Name, das ist ein Programm. Nachdem nun vierzehn Jahre verflossen sind, möchten Wir die gleichen Worte wiederholen."

In den kommenden Jahren wuchs die Aufmerksamkeit für das Leben und Wirken Franz Stocks in Frankreich und in Deutschland. Paris, Chartres und drei weitere Städte benannten Straßen oder Plätze nach dem Priester aus dem sauerländischen Neheim-Hüsten. Seit dem 15. September 1990 trägt der Platz vor dem „Denkmal des kämpfenden Frankreich" auf dem Mont Valérien, oberhalb von Suresnes/Paris, den Namen „Franz-Stock-Esplanade". Christian Dupuy, Bürgermeister der Stadt Suresnes, auf deren Gebiet die wohl bedeutendste Gedenkstätte des französischen Widerstands liegt, nahm in einer Feierstunde die Namensgebung vor; ihr wohnten auch drei Geschwister Franz Stocks bei. In Anwesenheit der Bischöfe von Chartres und Nanterre – François Favreau und Michel Kuehn –, des französischen Senatspräsidenten Alain Poher, des ehemaligen Ministerpräsidenten Pierre Pflimlin, der Bürgermeister von Chartres sowie Arnsberg-Neheim und Vertretern der französischen und deutschen Abbé-Stock-Vereinigung würdigte Msgr. Dupuy das Wirken Stocks während der deutschen Besatzung. Die beiden Pfarrgemeinden Sankt Johannes (Arnsberg-Neheim) und Saint-Jean-Baptiste (Chartres-Rechèvres) besiegelten eine Partnerschaft.

Am 21. Oktober 1994 wurde eine Tafel enthüllt, mit der die ehemalige „Place Pierre Coubertin" (16. Pariser Stadtbezirk) in „Place de l'Abbé Franz Stock" umbenannt wurde. An dieser Würdigung nahmen auch der deutsche Botschafter Jürgen Sudhoff, Vertreter der Pariser Stadtverwaltung, der Militärbehörden und der Deutschen Katholischen Gemeinde in Paris teil. Im Juni 1995 reihte der französische Staat die noch bestehenden Bauten des ehemaligen Seminars für die kriegsgefangenen deutschen Theologiestudenten in Chartres/Le Coudray – Lager 501 – in die Liste nationaler Denkmäler ein. Freundeskreise von Franz Stock planen auf dem Gelände die Einrichtung eines deutsch-französischen Kulturzentrums und einer Jugendbegegnungs-Stätte. Inzwischen trafen sich in Reims und Verdun auch Vertreter aus Politik, Wirtschaft und Kirche, um das Verfahren einer Seligsprechung Stocks voranzubringen. Es scheint begründete Aussichten zu geben, daß dieses Verfahren zu einem glücklichen Abschluß kommt. Nach den Hoch-Zeiten nationalistischer Menschenverachtung und den bitteren Auseinandersetzungen der beiden letzten Kriege versteht es sich fast von selber, daß mit Franz Stocks Name noch mehr gemeint ist als der Mensch, der diesen Namen trug. Es scheint, als hätten die Verständigung und Frieden suchenden Zeitgenossen auf Stocks Namen wie auf ein Symbol für ein gemeinsames Europa gewartet. Hoffen wir, daß Leben und Leiden des Priesters Franz Stock Taten und Handlungen fördern, die der religiösen und politischen Einheit unseres Kontinents dienlich sind.

Nachwort

Das vorliegende Buch ist das Ergebnis einer viele Jahre währenden Beschäftigung mit dem Menschen und Priester Franz Stock. Sie ergab sich auch aus dem 1962 entstandenen Halbstunden-Film, dessen Drehbuch ich im Auftrag des Westdeutschen Fernsehens schrieb. Dabei kamen mir eigene Erfahrungen zugute. Eineinhalb Jahre lang hatte ich im Kriegsgefangenen-Seminar Le Coudray Nr. 501 bei Chartres Gelegenheit, Stock mitunter täglich zu sehen und sprechen zu hören. Der Film war ein Versuch, mit den Mitteln der Kamera und in einer begrenzten Zeit Leben und Werk, Leiden und Sterben des Verstorbenen darzustellen. Die Quintessenz dieses Films faßte ich in einer kleinen Broschüre zusammen. Wenn das dort gezeichnete Bild in wenigen, freilich wichtigen Punkten von dem abweicht, was das vorliegende, umfangreichere Buch enthält, so hängt das mit einer Reihe von Umständen zusammen. Erst im nachhinein konnte ich Stocks Nachlaß eingehender studieren und neue Zeugen hören. Dabei sah ich mich genötigt, stärker als zuvor Urteile miteinander zu vergleichen – denn auch Lebenszeugen widersprechen sich bekanntlich manchmal. In solchen Fällen hatte ich jenen zu folgen, deren Argumente mir schlüssiger erschienen.

Ich hoffe, daß Stocks Bild mit einigen Einschränkungen auch an Profil gewonnen hat. Es ist das Bild eines liebenden Menschen, der bei stark ästhetischen Anlagen und Neigungen dem Beruf des Seelsorgers lebte – eines Menschen, der so gütig wie bisweilen weich war; eines Mannes, der vieles nebeneinander zu vollbringen hatte und dessen Lebensmaxime nicht so sehr das unbedingte „Entweder-Oder", sondern vielmehr das „Sowohl-als-Auch" gewesen zu sein scheint. Wie Stocks Freund Dietrich meint, lautete Stocks Lieblingswort: „Wir werden sehen!" Stock ließ also vieles auf sich zukommen und betrieb im übrigen mit Zähigkeit, Geduld und Einfühlungskraft, was seinen Vorstel-

lungen wie Absichten entgegenkam. Sein derart vermittelndes Wesen hat ihn wohl auch zu der verbindenden Rolle befähigt, die er an seinem Platz und im begrenzten Rahmen seiner Ämter in der (so schmerzlichen) Geschichte der deutsch-französischen Auseinandersetzungen spielt. Freilich spielt er sie nur in einem *bedingt politischen* Sinn – mehr im menschlich-religiösen. Gewiß hatte Stock auch politische Interessen und Kenntnisse. Doch seine politische Urteilsfähigkeit – zumal diejenige für die schwer durchschaubaren Verhältnisse der sogenannten Besatzungszeit – war notwendig begrenzt. (Das zeigt unter anderem auch seine Verehrung für den schriftstellernden Kleriker Jean de Mayol de Lupé, der während des letzten Krieges die Angehörigen der französischen Legion an der deutschen Ostfront betreute.)
Bei der großen Hochachtung vor Stocks menschlicher Größe und mutigen Menschenliebe ging es dem Autor dieses Buches darum, keinem noch so gut gemeinten „Mythos“ zu erliegen. Die Quellen sollten sprechen und die oft tragische Realität nahekommen. Amicus Plato. Magis amica veritas. Natürlich umschreibt jede Biographie ein Geheimnis: Wir lüften es nie – auch nicht das Geheimnis Gottes mit seinen Menschen. Doch wir folgen dem Gebot, soviel davon klarzumachen, wie möglich ist.
Für Auskünfte und Überlassung von Dokumenten danke ich P. Johannes Brass, Pfarrer Christoph Allroggen, Père René Closset, Pfarrer Theodor Loevenich, Domkapitular Dr. Dietrich, Pfr. Anton Heuchemer, Frau Luise Berlinghof, P. und F. Savi, Senator Edmond Michelet, Chanoine Jean Rodhain, Madame Robert Aylé, P. Rainulf Schmükker, Mademoiselle Le Meur, Madame la Comtesse de Pange, Frau Ilse Dapper, Frau Albert, Bruder Sigismund Kleine, Pfr. Franz Grass, Dr. Ludwig Klockenbusch, Werner Simons, Karl Voerckel, Dr. Eberhard Horst, Franz Lenz, Abbé Joseph Johnèr, Pfr. Paul Jonen, Prof. Msgr. Wilhelm Nyssen, Heinz Heppelmann, Msgr. Johannes Hüttenbü-

gel und Karl-Heinz Kloidt. – Im allgemeinen sind die Namen von Häftlingen und Todeskandidaten in Stocks Tagebuch mit X bezeichnet. Bei allen Zitaten nach schriftlichen Äußerungen Stocks (besonders der Originale des Tagebuchs und der Zellenbücher) wurde seine Schreibweise möglichst unverändert beibehalten.

Literaturverzeichnis

Von Franz Stock erschienen

Les plus belles pages de Francis Jammes, mit einer Einleitung von Franz Stock, Paderborn o.J.

P. Lhande, Gott in der Wüste, übersetzt von Franz Stock, Paderborn 1931.

Hundert Jahre deutsche Seelsorge in Paris, Paris 1937.

Die ersten deutschen Buchdrucker in Paris um 1500. Freiburg i. Br. 1940.

Die Bretagne – ein Erlebnis, Colmar 1943.

Manuel du Soldat Chrétien, besorgt von Franz Stock, Freiburg i. Br. 1941.

Zeitungsartikel in der Rhein-Mainischen Volkszeitung und den deutschen wie französischen Ausgaben der „Pariser Zeitung“ von 1940–1944.

Ungedruckte Manuskripte:

Geschichte des Seminars von Chartres

Biographie des Kanonikus Axinger

Bücher zur Person, zu Stocks Lebensumständen und zu den Verhältnissen in den Pariser Gefängnissen:

Edmond Michelet, Die Freiheitsstraße, Stuttgart 1961.

Reinhold Schneider, Verhüllter Tag, Köln und Olten 1956.

Jean de Pange, Mes Prisons, Paris 1945.

R. Closset, „L'aumônier de l'enfer – Franz Stock“, Mulhouse 1964.

Anton Albert, Das war Franz Stock, Freiburg i. Br. 1959.

Jean-François Leonard, Fresnes Ma Paroisse, Paris 1945.

Gabriel Audisio, Feuilles de Fresnes, Paris 1945.

Paul Petit, Résistance spirituelle 1940–42, Paris 1947.

Écrivains en prison (mit Notizen und Gedichten von Gabriel Péri, Jacques Decour, Max Jacob, Jean Bernard,

Jean Cassou, Stanislas Fumet, Jean Paulhan, Aragon etc.), Paris 1945.

Verwendete Literatur (Auswahl)

600 Jahre Bürgerfreiheit Neheim-Hüsten, Neheim-Hüsten 1958.
Alexander Werth, Der zögernde Nachbar, Düsseldorf 1957.
Otto Abetz, Die offene Frage, Köln 1951.
Der deutsche Katholizismus im Weltkrieg, hrsg. von der phil.-theol. Fakultät Paderborn 1915.
Libération de Paris, Sonderheft des Paris-Match, Ausg. v. 18. 6. 1964.
Wilhelm von Schramm, Aufstand der Generale – der 20. Juli in Paris, München 1964.
Ernst Jünger, Strahlungen I. Das erste Pariser Tagebuch, Stuttgart 1979.
ders., Strahlungen II. Das zweite Pariser Tagebuch, Stuttgart 1979.
Eberhard Jäckel, Frankreich in Hitlers Europa – Die deutsche Frankreichpolitik im Zweiten Weltkrieg, Stuttgart 1966.
Joachim C. Fest, Das Gesicht des Dritten Reiches, München ^{6}1986.
Karl Ploetz, Auszug aus der Geschichte, Würzburg ^{25}1965.
Reinhold Schneider, Verhüllter Tag, Köln ^{6}1962.
ders., An Alle – ein Aufruf, Freiburg 1947.
Erwin Mühlbauer, Die Psalmen von Chartres, Schwetzingen 1947.
Karl-Heinz Kloidt, Chartres 1945 – Seminar hinter Stacheldraht, Freiburg 1988.